新特産シリーズ

ラッカセイ

栽培・加工、ゆで落花生も

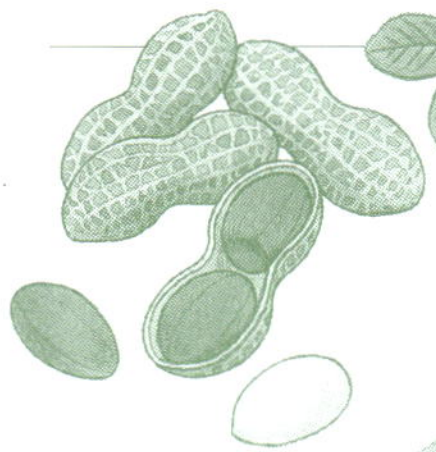

鈴木一男＝著

農文協

まえがき

ラッカセイは、落花生、南京豆、ピーナッツなどと呼ばれるほか、地域によっては地豆、ジーマミ、双子豆などなど、さまざまな呼ばれ方をされ、親しまれている。

お酒のおつまみというイメージが強いかもしれないが、お茶うけとしてのお菓子や、料理の材料などにも、広く利用されていて、煎《い》り豆や煮豆、ペースト、パウダーなどのほか、掘りたてを茹でて、という食べ方もできる。

栄養面からみると、高カロリーの優れた栄養食品であるとともに、老化防止やがん予防などの成分を含む健康機能性食品でもある。

今までは、農家で生産されたラッカセイのほとんどが加工業者に集められ、煎り莢《さや》や煎り豆、バタピーのほか各種豆菓子など、主に加工品として販売されてきた。しかし、最近では各地の農産物直売所で乾燥豆（むき実）のほか、掘りたてのラッカセイの「生莢」やこれを茹でた「茹でラッカセイ」が販売されるようになってきた。

さらに、これまでのラッカセイに比べて莢がきわめて大きい新品種や、種皮（薄皮）が黒いラッカセイなど、目新しいラッカセイが販売されるようになり、直売所で注目を集めている。

ラッカセイは栽培においても、あまり手がかからず、ほかのさまざまな野菜類との輪作作物としても適している。収穫物が軽いので女性や老人による栽培にも適している。

同じマメ科のダイズなどと違って、莢が土の中にできるという特徴があり、花が咲いてから莢ができるまでの経過を観察するとともに、収穫した莢を茹でたり、乾燥させたあと煎って食べるなど、子供たちへの食農教育にも適していると思われる。

本書がラッカセイの新しい利用や栽培の普及に役立てば幸いである。

平成二十三年二月

鈴木　一男

目次

第1章　ラッカセイの魅力

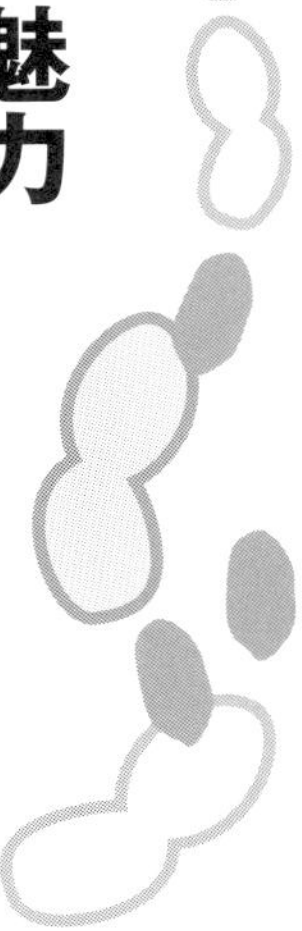

1　新しい品種の登場で売り方も多様に

(1) 茹で豆用品種が直売所の目玉商品に――煎り豆用品種とは違った魅力で人気に

最近、ラッカセイを茹でて食べる「茹でラッカセイ」が、直売所などで人気商品となっている。

これまでのラッカセイは、主に煎り加工品として販売されてきた。消費者が乾燥莢や乾燥豆（むき実）を買ってきて、家庭で調理するような機会は少なく、すでに加工されているものを購入する場合がほとんどだった。

品種も煎り加工に適したものが栽培されてきたが、近年、茹でラッカセイの消費が増えてきたこともあり、茹でて食べるのに適した品種が登場して栽培されている。茹で豆用品種として〝郷の香（さとのか)〟と〝ユデラッカ〟のほか、これまで煎り豆用に栽培されていた〝ナカテユタカ〟も、茹でて味が良いことから茹でラッカセイとして利用されるようになった。

掘りたてのラッカセイを塩茹でして食べる習慣は、神奈川県や静岡県、九州などでは古くからあった。茹でラッカセイは、煎り豆と違い、軟らかい食感で甘みが強く、ラッカセイのおいしい食べ方ではあるが、日持ちが悪いため販売時期と地域が限定され、広域での流通には不向きだった。現在では冷凍されたものが通年販売されているが、以前は産地の旬の味として知る人ぞ知る食べ方だったのである。

これが直売所ならば、掘ってすぐに並べることができ、生莢のままラッカセイを販売できる。すでに茹でラッカセイが評判になり、目玉商品となっている直売所もある。

(2) ジャンボ新品種が大人気——注目の新品種〝おおまさり〟

そして、新しい茹で豆用の品種として、二〇〇八年に〝おおまさり〟が育成され、各地で栽培が始まった。

新品種の〝おおまさり〟は、名前の通り莢がきわめて大きい(図1—1)。莢の大きさは、これまで栽培されてきたラッカセイに比べて二倍以上にもなる。また、茹でると甘みが強く、食味も非常に良いことから、今後の栽培の普及と販売の拡大が期待される注目品種である。

〝おおまさり〟の育種に使われた〝ジェンキンスジャンボ〟はアメリカの品種で、これも莢がきわめて大きいジャンボ品種として人気が高い。一部の農家が栽培しているに過ぎないため生産量は少ないものの、茹でラッカセイや煎り莢として販売されている。

(3)　有色品種が目を引く——むいてびっくり黒いラッカセイ

また直売所などで販売する際には目を引く有色品種もよいだろう。

図1―1　ひときわ大きい大粒品種　おおまさり
左：おおまさり，中：ナカテユタカ，右：郷の香
（写真提供：千葉農林総研　落花生研究室）

図1―2　種皮が黒い黒落花生
（タキイ種苗）

最近では、種皮の色が黒いラッカセイが、物珍しさとともに、ポリフェノール含量が多く健康に良い、として直売所やインターネットなどで販売されている（図1―2）。黒いラッカセイは種子をとりよせて栽培することもできる（問い合わせ先・・

タキイ種苗〇七五―三六五―〇一一二三)。

ラッカセイは熱帯から温帯地域の世界各地で広く栽培されていて、粒の大小や莢の形状の違いのほか、種皮(薄皮)の色のバリエーションも多種多様である。見なれた茶色の種皮以外に、白色、赤色、紫色、紫黒色、なかには赤色と白色がまだらになっているものなどもある。

2 どこでも栽培できて、畑を良くする

(1) 耕作放棄地の救世主

①遊休地活用で地域の特産物に

耕作放棄地や遊休農地の拡大、農家の高齢化などが大きな問題となっているが、そうした地域にはラッカセイの栽培が向いている。ラッカセイは比較的土地を選ばずに栽培でき、病気や害虫の被害も少ないので防除の手間もかからない。播種と収穫、その後の調製以外には手間もかからず、収穫物が軽いため女性や年配の人にも無理なく栽培できる。

最近では年をとっても元気な人たちが多く、高齢化が進んだ地域でも、直売所での販売など、販売先をうまく考えることで、ラッカセイは新たな特産品となると考えられる。近年、そうした事例も実

際に出てきている。

②乾燥に強く土地を選ばない

ラッカセイの栽培には砂質土や壌土が最も適しているが、水はけが良ければ土地を選ばず栽培でき、水田転換畑での栽培も可能である。

乾燥に強いこともラッカセイのセールスポイントである。現在、ラッカセイ栽培が全国で一番多いのは千葉県である。これは九十九里の海岸地帯のほか、北総台地といわれる火山灰土の畑作地帯で広く栽培されているためである。

開墾畑が多かった北総大地では周辺に川が少なく、乾燥しやすい火山灰土の畑では夏場の干ばつを受けやすい。ラッカセイは他の作物に比べて、これらの環境条件への適合性が高かったため、各地でほかの作物の栽培がむずかしく、これらの条件に適したラッカセイが栽培されるようになった。

③手間がかからず初期投資も少ない

比較的手間がかからないのもラッカセイのおおきな魅力である。手間がかかるのは播種と収穫・乾燥・脱莢作業くらいである。

また、導入に際して必要な機械も少ない。マルチ張り機はほかの作物と共通で、掘り取りには専用の掘取機が販売されているが、イモ類用の掘取機を流用することができる。ただし、乾燥後に莢を取る脱莢機はラッカセイ専用である。

株はさほど重くなく、莢も小さく軽いため、収穫物は老人や女性でもラクに取り扱うことができる。

(2) 環境に優しい省エネ作物

①窒素を固定してリン酸を溶かす

さらに、ラッカセイには環境に優しい省エネ作物という側面もある。

ラッカセイの根には根粒菌が共生する。根粒菌はマメ科植物に特有の共生菌で、根にこぶ状の根粒をつくって共生し、作物から栄養分をもらう代わりに空気中から固定した窒素を作物に与える。

ラッカセイは根粒菌のおかげで、空気中の窒素を養分として利用できるため、施用する肥料成分のうち窒素については、ほかの作物に比べて少なくてすむ。

また最近の研究から、ラッカセイは土壌中のリン酸を吸われやすくするということも分かってきた。リン酸は土の粒子と強く結合しているために、作物がこれまで利用しにくいとされていたが、ラッカセイはその根によってリン酸を作物が吸収できるような形態に変えて、有効に利用することができる。

②病害虫に強く農薬も少なくてよい

ラッカセイもいろいろな病気や害虫の被害を受けるが、生育や収量に大きな影響を受けることは少なく、病害虫には比較的強い作物である。

しかし、ラッカセイは連作を続けるとセンチュウ害のほか、莢の品質を低下させる莢褐斑病、白絹病や茎腐病などの立枯れ症状、葉の病害である褐斑病や黒渋病などの病害が増えるおそれもあるため、ほかの作物と組み合わせた輪作に取り組むのがよい。

また、未熟な堆肥や麦わらなどの有機物を多量にすき込むと、コガネムシ（幼虫）が発生し、株元や莢が食害を受けて減収につながることもある。

なお、九州地域で発生するさび病や、寒冷地で被害が出る灰色かび病など、気象条件によって地域特有の病気の発生には注意する必要がある。

雑草は、播種後の除草剤散布と、畝間の中耕と株元への土寄せで、かなりの程度抑えられる。株が大きくなれば、除草は畑全体の拾い草程度ですませることができる。また、マルチ栽培も除草効果が高く、株間の雑草の発生を抑えられ、除草作業をさらに軽減できる。

(3) 輪作で畑の大そうじ

①センチュウに強く連作障害を防ぐ

ラッカセイを、連作障害を防ぐ土壌消毒代わりに利用することもできる。

畑で同じ作物を毎年つくると生育が悪くなったり、収量が少なくなってしまうことがある。これは連作障害といわれているもので、病害虫の発生が多くなる、肥料成分の過不足が生じる、生育を抑制するような物質が分泌される、などさまざまな原因が理由として挙げられる。

その大きな要因の一つはセンチュウ（ネマトーダ）による被害である。土壌中には数多くの種類のセンチュウが生きていて、一部のセンチュウが作物に被害を与える。センチュウが寄生、増殖できる作物はセンチュウの種類によって異なり、同じセンチュウでも被害を受ける作物と受けない作物がある。

センチュウ対策として、畑作地帯では殺センチュウ剤による土壌消毒が広く行なわれているが、ラッカセイを組み込んだ輪作により被害を軽減することができる。

②さまざまな作目と組み合わせが可能

ラッカセイはサツマイモネコブセンチュウと、ミナミネグサレセンチュウに強く、それらのセンチュウ弱い作物と組み合わせることができる。

たとえば、サツマイモやサトイモ、トウモロコシやキュウリなどの野菜類に被害を与えるサツマイモネコブセンチュウは、ラッカセイには寄生できないためにラッカセイが栽培された畑では増殖できずに生息密度が低下する。このため、サツマイモネコブセンチュウの被害を受けやすい野菜類も、ラッカセイの後に栽培すればセンチュウ被害を少なく抑えることができる。

また、ラッカセイはミナミネグサレセンチュウの生育密度を下げる働きもあり、ナスやトマト、ネギやホウレンソウなどの作物との輪作でも、それらのセンチュウ被害を減らすことができる（表1―1）。

表1－1　センチュウによる寄生作物の違い（三井）

センチュウの種類 ／ 作物名	キタネコブセンチュウ	サツマイモネコブセンチュウ	ネグサレセンチュウ
スイカ	△	×	△
キュウリ	△	×	△
ナス	×	×	△
トマト	×	×	△
ジャガイモ	×	×	×
ホウレンソウ	×	×	△
ネギ	△	△	△
ニンジン	×	×	×
ショウガ	△	×	?
ゴボウ	△	×	×
サツマイモ	○	×	×
サトイモ	○	△	×
ダイコン	△	×	×
ハクサイ	△	×	△
キャベツ	△	×	△
イチゴ	×	○	×
イネ	○	△	△
ムギ	△	?	△
トウモロコシ	○	△	△
ラッカセイ	×	○	○

注）×：被害大
　　△：被害小または無，センチュウは増殖する
　　○：被害無，センチュウは増殖しない

このように、ラッカセイを組み入れた輪作体系では、経営の主体となる野菜類の品質や収量を高める効果が期待できるとともに、経営面積が大きい場合には作業労働の分散を図るうえでも輪作作物としてラッカセイは優れたものである。

3　食べ方いろいろ、栄養満点

(1)　栄養価値の高い食品——ビタミン、ミネラルが豊富で優れた健康機能性

ラッカセイは非常に栄養価値の高い食品であるといえる（表1—2）。

内容成分では、脂質の割合が最も多く約五〇%を占める。そのほかはタンパク質が二五%、カロリーは五六二kcal／一〇〇gである（乾燥豆）。

脂質のうち脂肪酸ではオレイン酸とリノール酸の割合が高い。オレイン酸は動脈硬化の予防効果があるといわれている。血管壁にコレステロールを蓄積させるため悪玉といわれるLDLコレステロールを減少させる一方、コレステロールの蓄積を防ぐ作用のあるHDLコレステロールは減少させない。また、リノール酸は血清コレステロールや血圧低下の効果があるとされ、リノレン酸から体内で合成される、イコサペンタエン酸やドコサヘキサエン酸は脳梗塞や心筋梗塞などの血栓症の予防効果が

表1－2　ラッカセイの主な組成分と脂肪酸組成

（「五訂増補日本食品成分表」より）

〈主な組成分〉

種　類	エネルギー (kcal)	水分 (g)	タンパク質 (g)	脂質 (g)	炭水化物 (g)
未熟豆	295	50.1	12.0	24.2	12.4
乾燥豆	562	6.0	25.4	47.5	18.8

種　類	ビタミン（mg）				コレステロール (mg)
	B_1	B_2	ナイアシン	E効力	
未熟豆	0.5	0.1	10.0	7.6	0
乾燥豆	0.9	0.1	17.0	10.9	0

注）生豆，大粒豆，可食部100g当たり

未熟豆：茹で豆用，乾燥豆：煎り豆用など

〈脂肪酸組成〉

種　類	脂肪酸（%）					
	飽和	不飽和		パルミチン酸	オレイン酸	リノール酸
		一価	多価			
大粒種	18.5	50.7	30.6	9.1	49.1	30.5
小粒種	22.4	42.7	35.0	11.4	41.3	34.7

あるとされている。

ラッカセイに含まれるタンパク質には、人間の活動に必要なほとんどの必須アミノ酸が含まれていて、ダイズが畑の肉と呼ばれるのと同様、穀類では不足しがちなタンパク質を補うことができる。

そのほか、ビタミン類では、老化防止やがん予防の効果が高いとされるE、物忘れや記憶力低下予防の効果が高いとされるB１などが含まれている。

ポリフェノール類では、赤ワインに含まれて心臓病の予防効果が高いとされるレスベラトロールも含まれており、近年その健康機能性が注目されている。

(2) 各地での食べ方いろいろ——油糧作物として、郷土料理として

ラッカセイはアジア、アメリカ、アフリカなどの熱帯から温帯地域の世界各地で広く栽培されている（表1—3）。

脂質が多く含まれていることから、世界的には主に油糧作物（油を絞る）として利用されている。

そのほか、茹でたり、乾燥させて貯蔵しておいたものを煎ったり、揚げたり、煮たりしてさまざまな料理に利用する。また、菓子の材料としても広く利用されている。とくにアメリカではピーナッツペーストとしての利用量がきわめて多い。

国内でも煎り豆として食べられるほか、味噌や砂糖を絡めたピーナッツ味噌や、沖縄のジーマミ（地豆）豆腐などのように各地の郷土料理の素材として使われてきた。

表1—3　世界のラッカセイ生産量

（莢つき，万t）　（FAO統計2008より）

国　名	生産量
中国	1,431
インド	734
ナイジェリア	390
アメリカ	236
ミャンマー	100
インドネシア	77
スーダン	72
セネガル	65
ガーナ	43
チャド	40
日本	2
世界計	3,820

(3) おいしさの秘密——味の決め手は甘み・食感・風味

ラッカセイ（煎り豆）のおいしさの良否を判断する基準は、甘さと食感（硬さ、歯ごたえ）と風味であるとされる。

このうち、甘みはほとんどがショ糖（シュークロース）によるものである。詳しくは第3章で述べるが、乾燥の仕方によってショ糖の含有量は変化する。

食感については、これまでの評価結果では、歯ごたえのある硬いものがおいしいラッカセイとされてきたが、最近では軟らかいもののほうが好ましいという人も増えている。

風味というのは、煎り豆にしたときのラッカセイ独特な香りであるが、数多くの香り成分が一緒になって独特な風味をつくっているため、はっきりとどの香り成分が風味を高めていると特定することはむずかしく、現在も明らかになってはいない。

茹で豆では煎り豆とは違った風味もあるが、どちらかというと甘みがおいしさの主な要因と考えられる。なお、硬さについては各自の好みに差があるため、茹で豆に関しては、硬軟での品質の判定はむずかしい。

第2章　ラッカセイってどんな作物？

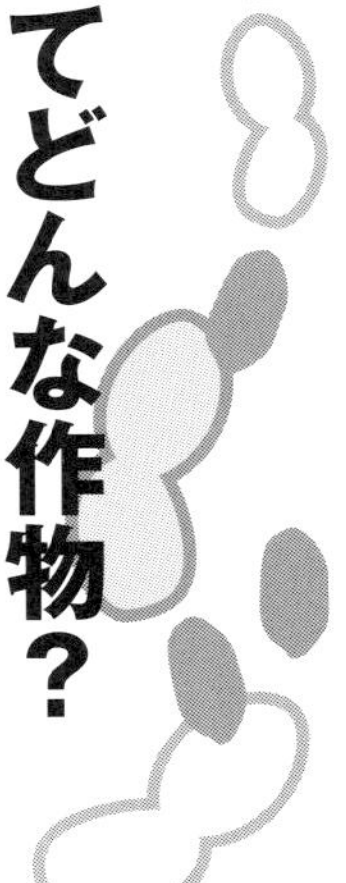

1　ラッカセイの原産地と来歴

(1) ラッカセイの原産地

ラッカセイの原産地を中国やアフリカとする説も以前はあったが、現在では南アメリカのアンデス山脈のふもととする説が有力である。

アンデス山脈の周辺ではいろいろな野生種が発見されている。ペルーの海岸地帯にあるアンコンという古い遺跡からラッカセイが見つかった例もある。

(2) 世界への伝播

ラッカセイは原住民によって、原産地とされるアンデス山脈のふもとから南アメリカの各地やメキシコなどへ広がっていった。そして一六世紀、ヨーロッパ人による新大陸発見以降、ラッカセイは大西洋や太平洋を渡ってアメリカ、アフリカ、インド、中国、東南アジアなど、世界中に広がっていった（図2―1）。

大航海時代、ラッカセイはその高い栄養価から、航海中の食糧としても貴重なものであった。

(3) 日本への来歴

日本へは江戸時代（一七〇六年）に、中国から伝わったが当初は栽培されず、栽培されるようになったのは明治時代になってからである。一八七一（明治四）年に、中国人より入手した種子を神奈川県で栽培したのがはじ

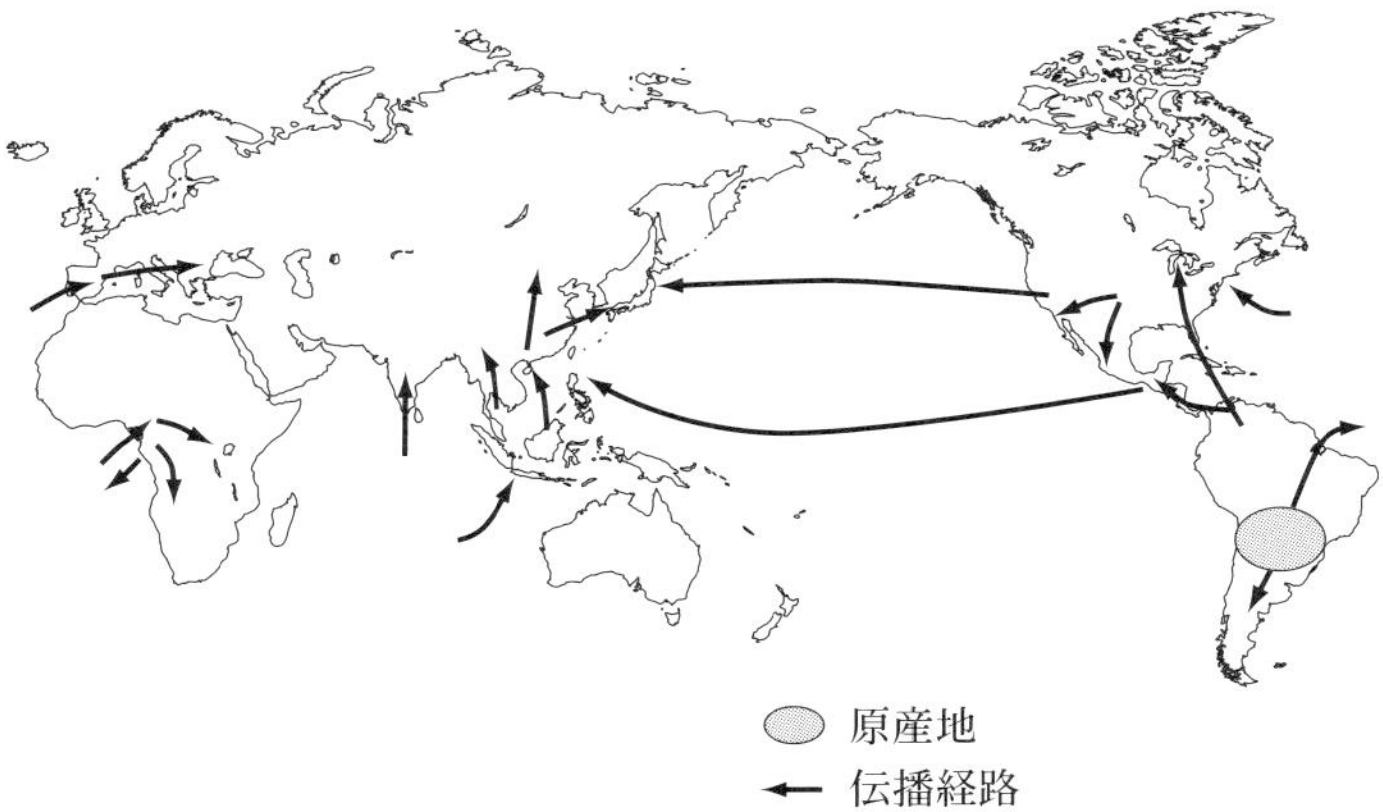

図2―1　ラッカセイの原産地と世界への伝播（戸苅・管より改写）

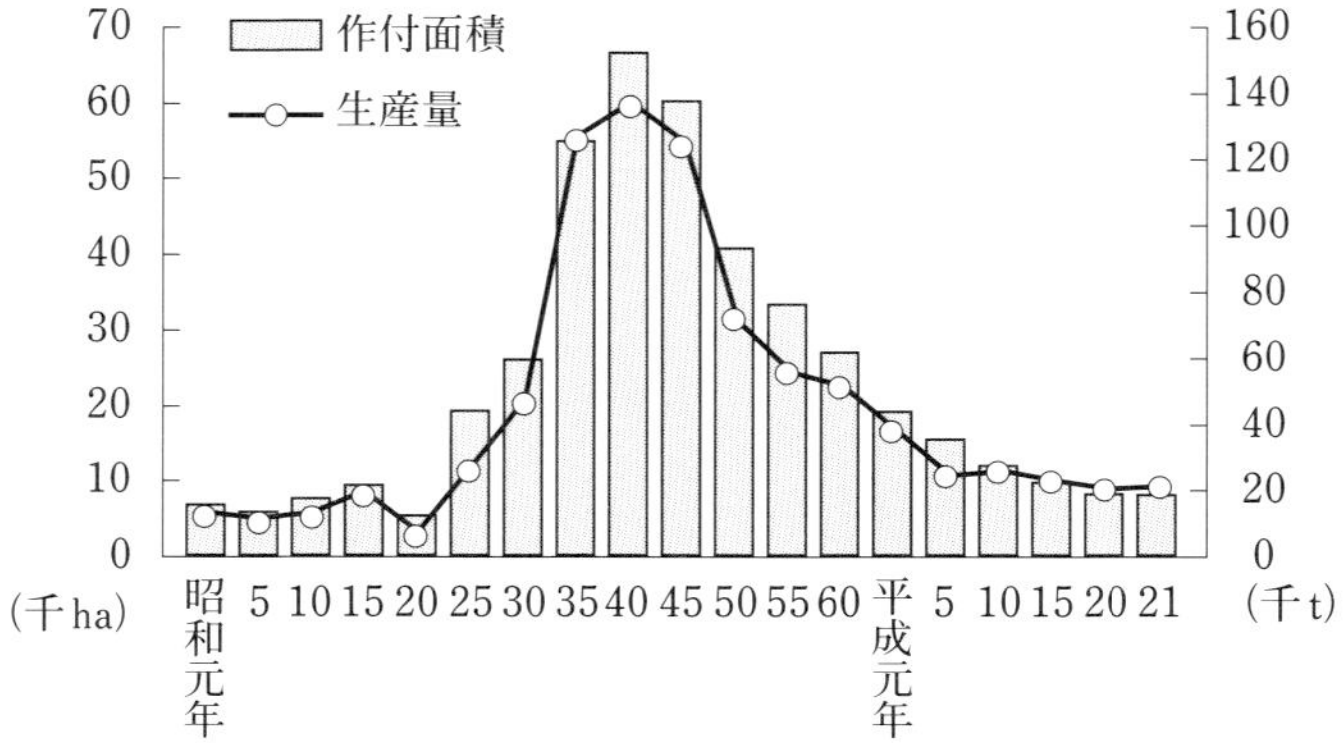

図2－2　国内のラッカセイ作付面積と生産量（莢つき）の推移
（農林水産省落花生資料より作成）

めで、その後、千葉県や茨城県でも栽培されるようになった。

ただし、咲いた花が落ちて実ができるのを不吉なことだとして、当初は栽培が嫌われることもあった。栽培が本格的に始まったのは、一八七四（明治七）年に政府がアメリカから種子を導入して栽培を奨励してからである。

(4) 国内の栽培と利用

国内での栽培は、第二次大戦前にすでにかなり多くなっていたが、戦後急激に増加し、一九六五（昭和四十）年には全国の栽培面積が六・七万haとなった。

しかしその後、より所得の多い野菜類の栽培が増えるにつれて、ラッカセイの栽培面積は次第に減少し、現在（二〇〇九年）では八千haを下回っている（図2―2）。

ラッカセイは全国各地で栽培されているが、ラッカセイが栽培可能かどうかはその地域での積算気温で決定され、以前は、高い積算気温が必要とされる大粒種は関東地域まで、やや低くてもよい早生の小粒種も南東北が北限とされていた。

しかし、新たに育成された極早生品種（タチマサリ）と、保温効果のあるマルチ栽培の普及により、昭和五十年代には大粒種の栽培可能な範囲が東北地域まで広がり、現在では、早生品種（郷の香）と移植栽培やハウス・トンネル栽培とを組み合わせることにより、北海道の石狩や空知地域でも茹でラッカセイが栽培されている事例がある。

表2－1　主産県の県別作付面積
（農林水産統計資料 2009 より）

県　名	作付面積（ha）	作付割合（％）
千葉	5,790	73.6
茨城	886	11.3
神奈川	217	2.8
栃木	125	1.6
静岡	77	1.0
熊本	24	0.3
宮崎	55	0.7
鹿児島	180	2.3
その他	516	6.6
全国計	7,870	100

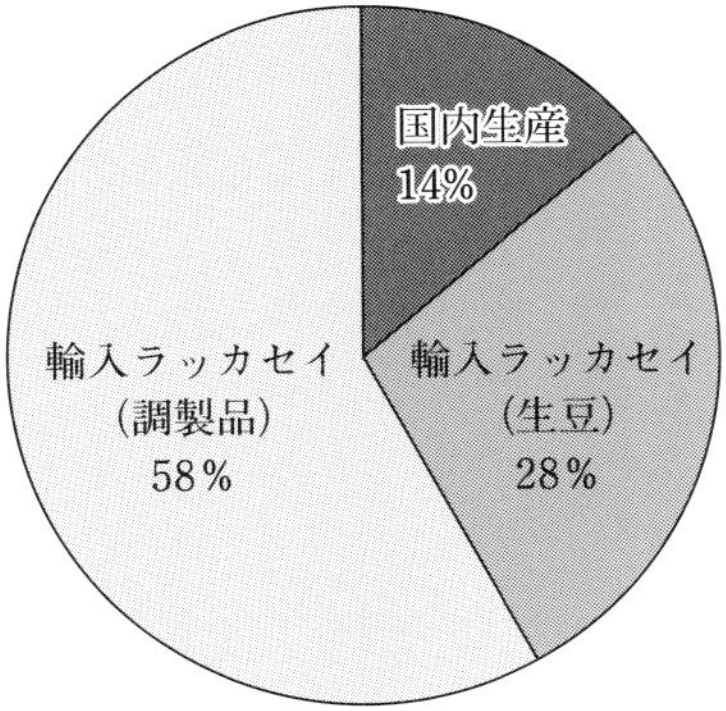

供給量94.8千t（むき実換算）

図2－3　ラッカセイの国内供給状況（2009年）

最近の主な産地は、関東・東海地域と九州地域である。特に千葉県での栽培が全国の約七割以上を占めている。栽培面積は以下、茨城県、神奈川県、鹿児島県と続いている（表2—1）。

国内の消費量は年間約一一万t（乾燥豆で換算）で、最近はやや減少傾向にある。このうち国内で生産されているのは一・三万t（二〇〇九年）で、消費全体の約一割である（図2—3）。残りは外国から輸入されており、乾燥豆のほか、煎り莢やバタピーなど、加工された製品（調製品）となって輸入されているものも多い。

2　ラッカセイの種類と分類

(1)　野生種と栽培種

植物の分類からみると、ラッカセイ（*Arachis* 属）には多くの種類があるが、そのうち、栽培種とされるものは一種類（*Arachis hypogaea* L.）で、それ以外は野生種とされている。

野生種は、原産地とされるアンデス山脈のふもとに多く残っている。葉や莢の形が栽培種と大きく異なり、莢が小さいものや、なかには莢のくびれが細長くて二つに分かれているようなもの、莢がほとんどつかずに花がたくさん咲くもの、冬には葉が枯れるが、春にまた芽吹いてくるものなど多種多

表2—2　ラッカセイのタイプ別分類　（熊沢ら）

形質	スパニッシュ	バレンシア	バージニア
分枝	少	少	多
枝の太さ	太	太	細
葉の大きさ	大	大	小
葉色	淡	やや濃	濃
開花期	早	やや早	晩
成熟期間	短	やや短	長
草姿	立	立	立伏
主枝の長さ	長	甚長	短
側枝の長さ	短	やや長	長
莢の大きさ	小	長	大
殻の厚さ	薄	厚	厚
1莢の粒数	2	3～4	2
種子の大きさ	小	小	大
脂肪含量	多	多	少
休眠性	弱	弱	強

様である。

(2) 栽培ラッカセイの分類

栽培種とされる *Arachis hypogaea* L. も花の咲き方や粒の大きさ、枝の伸び方（草型）などの特性からいくつかのグループに分類されている（表2—2）。

①花の咲き方による分類

ラッカセイの花は枝の節に咲く。この花の咲き方で大きく二つのグループに分けることができる。

枝の節ごとに連続して花が咲くグループと、咲く節と咲かない節が数節ずつ交互に現われるグループとがあり、連続して咲くものは、主茎にも花が咲くようにみえるし、そうでないものは主茎に花がみられない。

連続して花の咲くグループのうち、莢のなかにマメが二粒できるものはスパニッシュタイプ、三粒以上できるものはバレンシアタイプと呼ばれる。咲く節と咲かない節とが交互に現われるものはバージニアタイプと呼ばれている。

②草型（枝の伸び方）による分類

ラッカセイ栽培にとっても大事になるのが、草型（枝の伸び方）である。

株全体が立っているものを立性（〝ナカテユタカ〟〝郷の香〟など）、枝が地面を長く這うものを伏性（〝千葉43号〟など昔栽培されていた品種）、その中間的なものを中間型（〝千葉半立〟〝おおまさり〟〝改良半立〟〝サヤカ〟など）という（図2―4）。

現在、日本で栽培されているラッカセイは立性と中間型のものだが、昔は伏性のものもあり、枝が長く互いに絡み合うためとてもつくりにくかったそうである。

③マメの大きさや莢の形状による分類

私たちが普段食べているのは大粒タイプのラッカセイである。このほかにマメが小粒のものや、特別に大きなもの（〝おおまさり〟や〝ジェンキンスジャンボ〟）がある。

一般に、各節に花が咲くタイプはマメが小粒で、そうでないタイプは大粒となるが、最近の栽培品種はこれらを互いに掛け合わせているため、各節に連続して花が咲くタイプでもマメが大粒となるものがある。

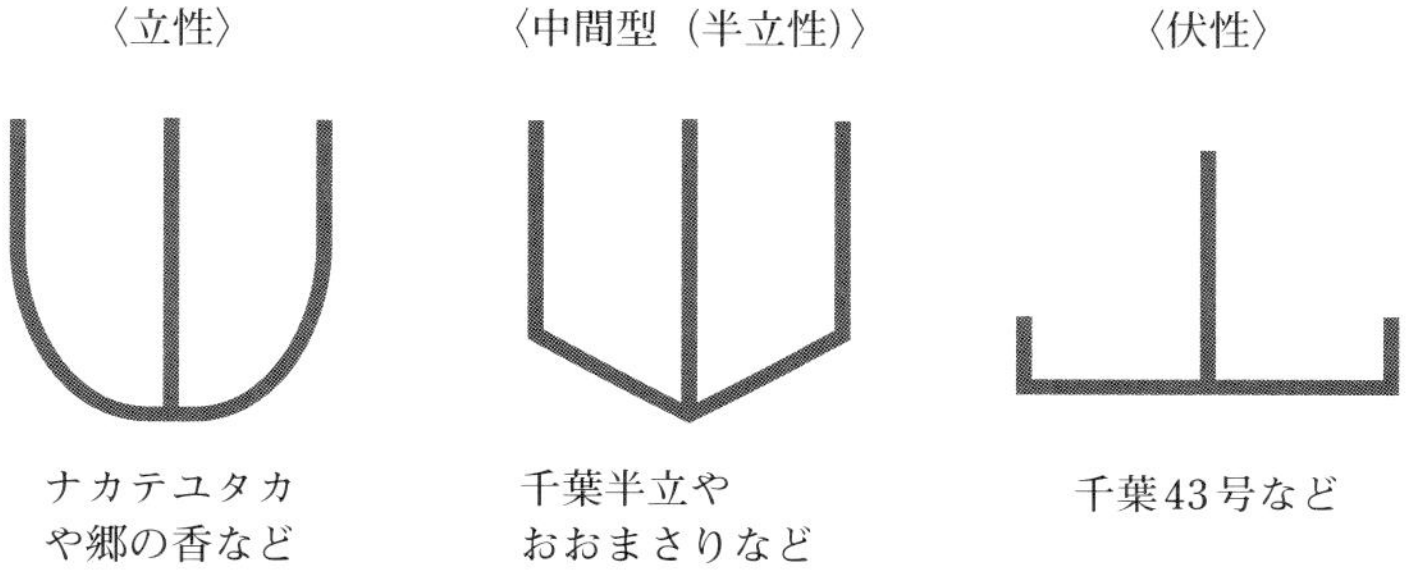

図2－4　草型（枝の伸び方）による分類

莢も、大小の違いのほかに、くびれ具合や莢表面の網目の深さなど形による違いがある。また、ラッカセイといえば、莢のなかにマメが二つ入っているものをイメージするのが一般的だと思うが、バレンシアタイプは三～四粒のマメが入っている。

④種皮の色による分類

私たちが食べているラッカセイの種皮（渋皮、薄皮）の色はほとんどが茶色のものだが、世界でつくられているラッカセイのなかには種皮色が白、赤、紫、紫黒、赤白のまだら模様のものなどさまざまなものがある（図2―5）。

また、種皮の裏側の色にも品種による違いがあり、茶色や薄茶色、白色のものがある。代表的な品種では〝千葉半立〟は茶色、〝ナカテユタカ〟は白色である。

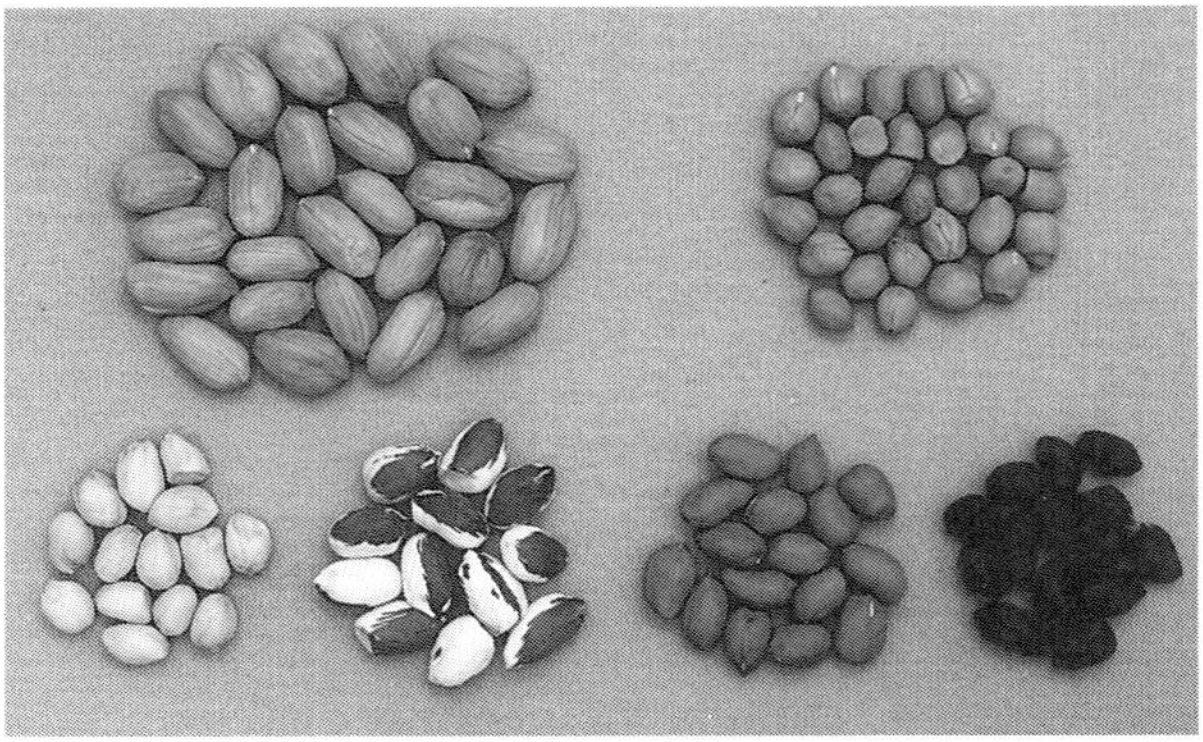

図2―5　さまざまな種皮のラッカセイ
左上：大粒種（千葉半立）　右上：小粒種（ジャワ 13 号）
下の段左から，種皮の白いもの（PI315608），種皮がまだらなもの（Posadas6A），種皮の赤いもの（バレンシア），種皮の紫のもの（Tarapoto）

3　ラッカセイの一生と生育の特徴

(1)　発芽最低温度は一二℃、高温ほど生育は旺盛に

ラッカセイは一年生の草本で、発芽に必要な最低温度は一二℃、生育に必要な温度は最低一五℃、最適温度は三〇℃以上で、高温適応作物である。

春、地温の上昇にともない地中の種子から出芽する。出芽はまず根が現われ、根の基部の胚軸が伸びて子葉（マメ）を地上へ押し上げる（図2―6）。ラッカセイの種子をよく見ると、一方が丸く、他方はややとがった形をしている。

ラッカセイの根はとがったほうから出て、丸いほうを上にして地上へ持ち上げるが、これは根と種子（子葉）の境部分に当たる胚軸の働きによるものである。

主茎での展葉が進むにつれて子葉節など下部の節から分枝（一次分枝）が発生し、その後さらに二次分枝、三次分枝の発生がみられる。これらの分枝のなかで、子葉節から発生した一次分枝は生育が旺盛となる。二本の子葉節分枝につく莢数は二次以降の分枝とあわせると一株につく莢数の多くを占めることになる。

ラッカセイは出芽後まもなく梅雨の時期となり、気温も低めに経過するため、花が咲き始める頃の生育量はまだ少なく、茎葉で畝がふさがることはない。このため雑草の生育に負けてしまうこともあるので、雑草対策のために中耕作業は欠かせない。

梅雨明け後の気温の上昇とともに茎葉の繁茂量は増大し、畝がふさがるようになる。また、茎葉の生長とともに開花数も増加し、夏から秋にかけて栄養生長と生殖生長が同時に進むこととなる。

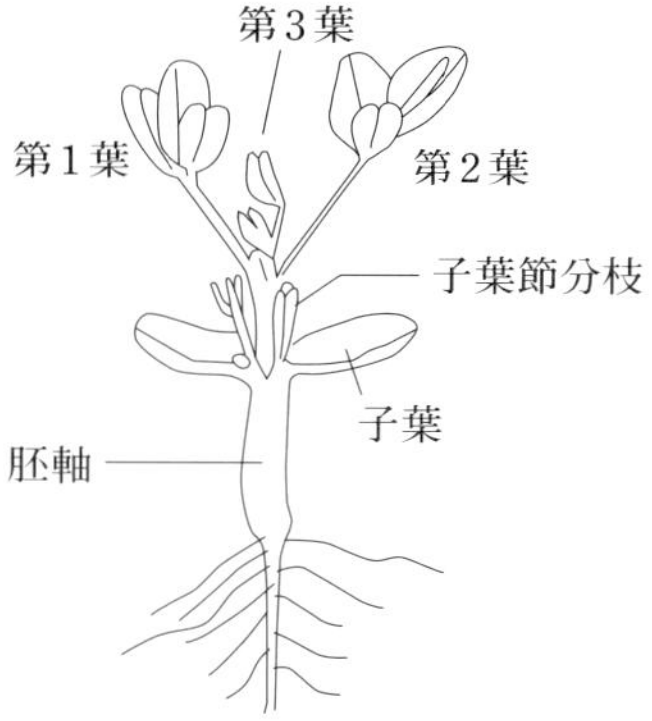

図2−6　出芽直後のラッカセイの形態　（藤吉ら）

(2) 早く咲いた花ほど上莢になる

発芽から一カ月ほどすると、花が咲き始める。ラッカセイの花は葉腋（葉のつけ根）のところに咲くため、葉にかくれてつい見落としてしまうこともある。はじめの花は子葉から出た枝の基部に咲き、その後枝の先のほうに花が次々と咲く。翌日花が咲くつぼみは、夕方には大きくふくらんで、夜の間にがく筒が伸び出し、明け方に花が咲きはじめる。花が咲く前に葯が割れ、のびてきた柱頭に花粉がつき受粉する。このため、ラッカセイは自家受粉作物とされるほかの花の花粉がつくことは、ふつうはない。受粉のあと、花粉管が花柱の中を伸びていき、子房内の胚珠に達して受精が完了する。受精までの時間は八～一六時間といわれる。

花の咲く期間は二カ月ほどで、一株で咲く花の数は二〇〇～三〇〇（年によってはこれ以上）となることもある。

しかし、このうち上莢（成熟莢）と呼ばれ、充実した良いマメの入った莢となるのはおよそ三〇程度で、早く咲いた花ほど上莢になる。遅く咲いた花では未熟な莢や、子房柄のまま膨らまないものもみられ、かなりの部分は無駄花となってしまう（図2―7①②）。

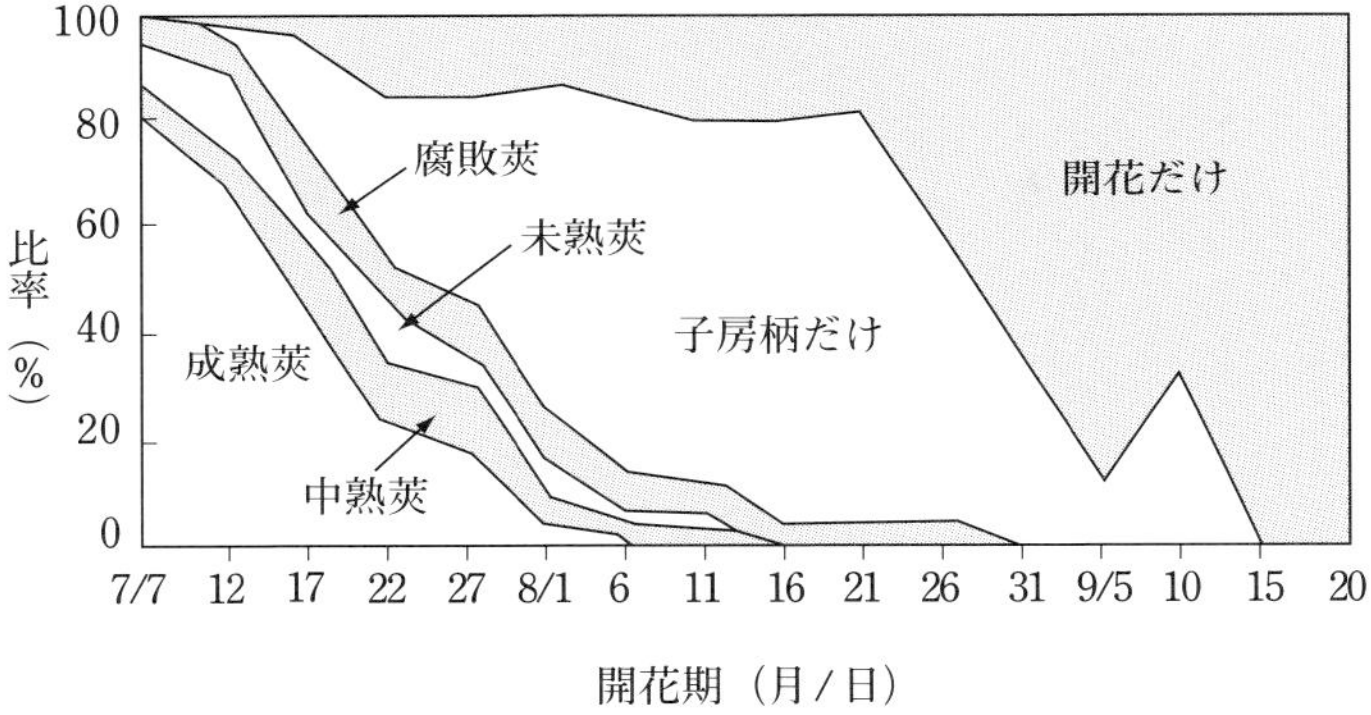

図2−7①　開花時期別莢実の発育割合　（竹内ら，1964）
品種：千葉半立

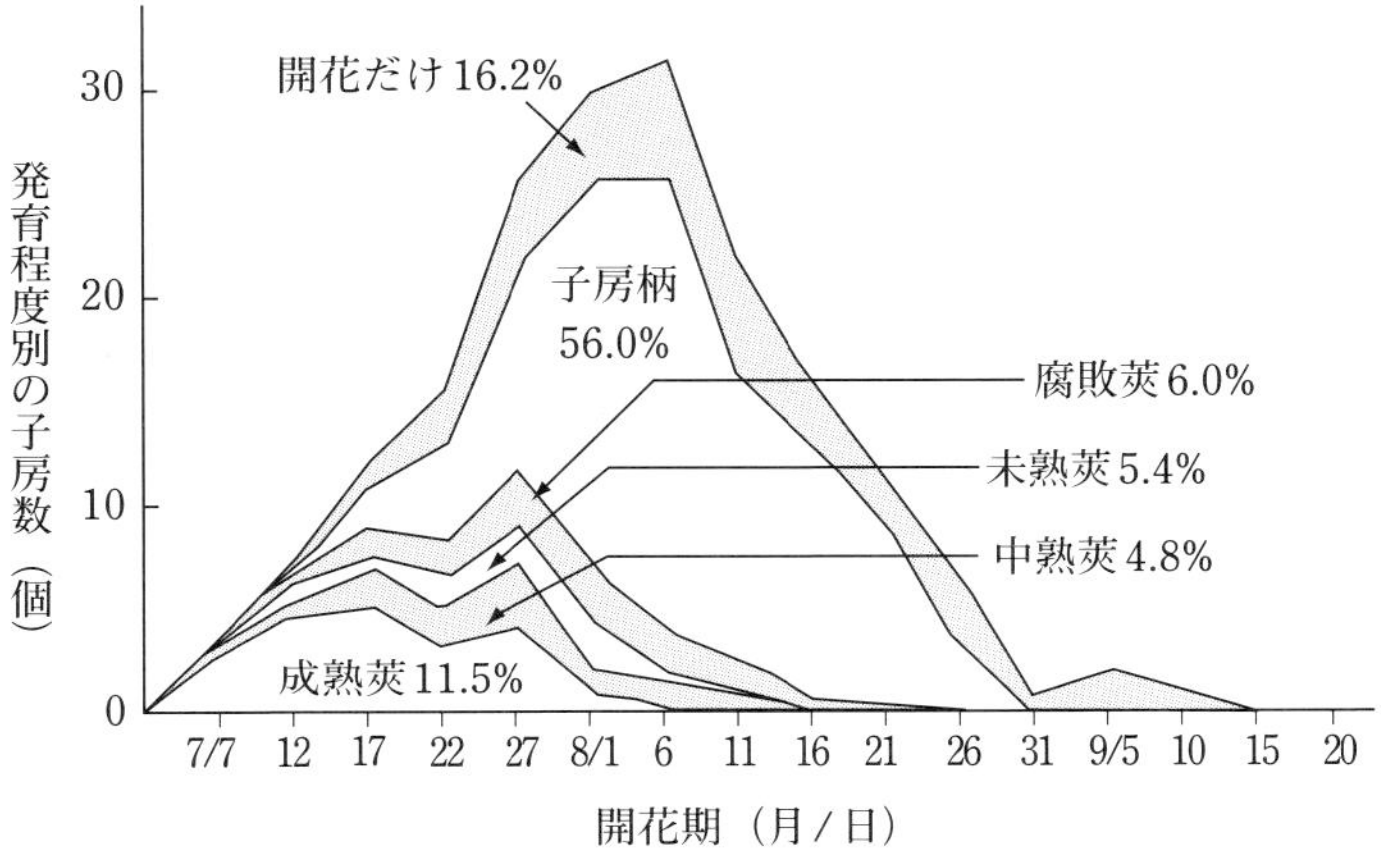

図2−7②　開花時期別莢実の発育状況　（竹内ら，1964）
品種：千葉半立

(3) 土の中で莢とマメがつぎつぎと形成される

開花後五～七日すると、子房基部の分裂組織の発育によって子房が押しだされ、根のような子房柄となる。子房柄は葉腋のところから下に向かって伸び出し、土中に進入する（図2―8）。

ラッカセイの学名 *Arachis hypogaea* L. の *hypogaea* は「地下に実ができる」という意味である。

図2－8　子房柄が伸びて土に刺さるようす

伸びるのは子房柄の先端付近で、土中に入ってから五～六日すると先端が水平になり、膨らみ始める。ラッカセイでは莢の肥大が先行し、後になってマメが肥大を始める。通常一つの莢に二つのマメが入るが、子房柄に近いほうのマメから肥大が始まり、やや遅れて莢の先のほうのマメが肥大を始める（図2―9）。

ラッカセイは開花の期間が長いため、一つの株に、大きく充実した莢のほか、肥大中のものや肥大を始めたばかりのもの、また土に入ろうと下に向かって伸びている途中の子房柄など、掘り上げてみるとさまざまな状態のものを見ることができる（図2―10）。

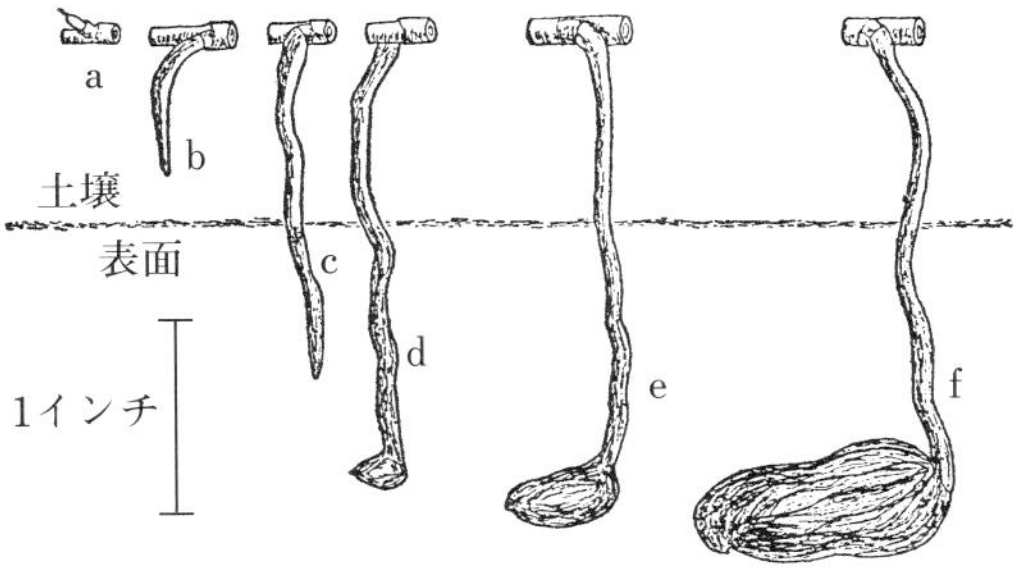

a：受精期　b：子房柄新長期（受精後5～7日）
c：地下侵入期（受精後8～12日）
d：莢肥大期（受精後14～21日）　e・f：莢肥大期

図2−9　子房柄と莢実の発育

（スミス，1940）

図2−10　莢実が熟したもの，子房柄がふくらみかけたもの，子房柄がもぐったばかりのもの，ひとつの株でさまざまな子実の状態をみることができる

（写真提供：千葉農林総研 落花生研究室）

(4) 種子が休眠する

秋になり気温の低下にともない落葉が始まり、子房柄の組織がもろくなり、莢は地上部と分かれ地中に残ることになる。

ラッカセイには休眠（発芽しない）するという性質がある。休眠がなくなるまでの期間は、小粒種は九〜五〇日と短く、大粒種では一一〇〜二一〇日と長い。

アフリカや東南アジアのように年に二〜三回栽培するようなところでは、休眠の長い大粒種は向いていないが、秋に収穫して翌年の春に播種する日本の栽培では特に問題にはならない。

(5) 根の形状と根粒菌との共生

ラッカセイの根は、主根と分岐根からなる。主根は直線的に真下へと伸び、長さは一mにもなる。分岐根の多くは地表近くに広がっている。

この根には、ほかのマメ科植物と同様、根粒菌が着生する。根粒菌は根にこぶのような根粒をつくり、空気中の窒素を取り込んでラッカセイに養分として供給する。ラッカセイは、この根粒菌由来の窒素が、吸収する全窒素のうち七割を占め、ほかのマメ科植物に比べても高い。このため肥料としての窒素施用量は少なくてすむ（図2—11）。

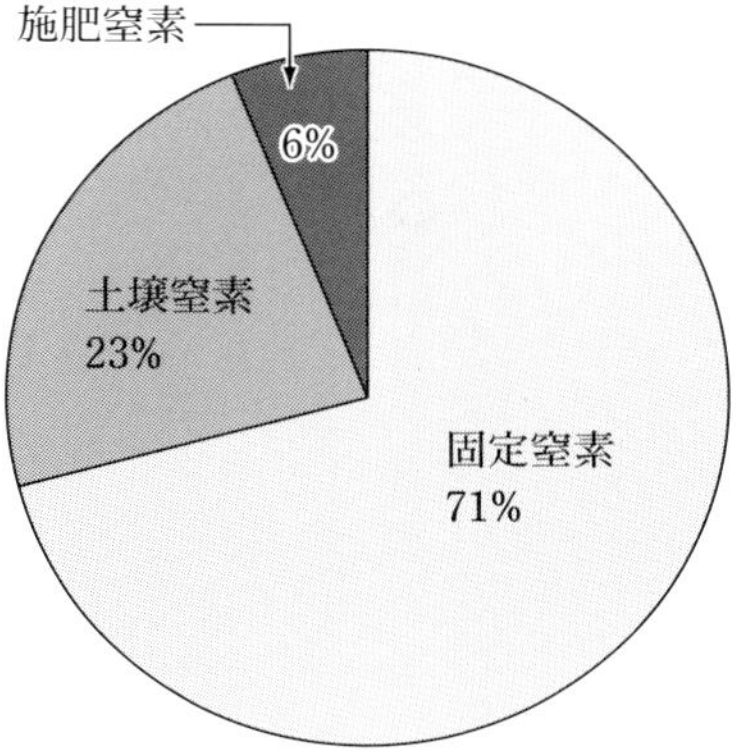

図2－11　子実中に含まれる窒素の供給割合（屋敷ら，1982）

(6)　葉の貯水細胞で乾燥に強い

ラッカセイが乾燥に強いのは、主根が直線的に下へ一ｍほども伸びて下層の土壌から水分を吸収できることと、葉に貯水細胞という水を貯める細胞があるためである。

実際に、雨が少なく畑が乾燥してもラッカセイが枯れることは滅多にない。しかし、水不足で枯れることはなくても、著しく乾燥すると花の数が少なくなったり、莢はできるがマメの肥大が不良になるなど、収穫量は減少してしまう。

このように植物としては乾燥に強いラッカセイだが、作物としてみた場合には、雨の少ないときにはかん水するなどの対策をとる必要がある。

4　ラッカセイ導入のポイント

(1) 輪作栽培に好適な作物――サツマイモと抜群の相性

ラッカセイを、輪作作物として経営にとり入れると、畑の地力を高めたり、連作障害を防ぐなどのメリットが大きい。

連作障害の主な要因の一つはセンチュウ害である。寄生するセンチュウが違う作物を組み合わせてつくると、お互いにメリットを得ることができる。

例えば先に紹介したように、ラッカセイをサツマイモと輪作すると、それぞれに被害を与えるセンチュウ密度を下げることができ、ラッカセイの生育は良くなり、サツマイモは品質の低下を防ぐことができる。

また、ラッカセイの前作には肥料を多用する野菜作との組み合わせが望ましく、特に堆肥を多く施用するサトイモと組み合わせると、センチュウ対策にもなり、合理的な輪作体系となる。

ラッカセイはマメ科であるため、ムギやトウモロコシなどのイネ科の作物との輪作にも適している。土壌消毒代わりにラッカセイを植えている農家もいる（図2―12）。キュウリの連作で問題となる

郵便はがき

おそれいりますが切手をはってお出し下さい

1078668

（受取人）

東京都港区
赤坂郵便局
私書箱第十五号

農文協
読者カード係 行

http://www.ruralnet.or.jp/

◎ このカードは当会の今後の刊行計画及び、新刊等の案内に役だたせていただきたいと思います。　　はじめての方は○印を（　　）

ご住所	（〒　　－　　） TEL： FAX：
お名前	男・女　　歳
E-mail：	
ご職業	公務員・会社員・自営業・自由業・主婦・農漁業・教職員（大学・短大・高校・中学・小学・他）研究生・学生・団体職員・その他（　　）
お勤め先・学校名	日頃ご覧の新聞・雑誌名

※この葉書にお書きいただいた個人情報は、新刊案内や見本誌送付、ご注文品の配送、確認等の連絡のために使用し、その目的以外での利用はいたしません。

● ご感想をインターネット等で紹介させていただく場合がございます。ご了承下さい。
● 送料無料・農文協以外の書籍も注文できる会員制通販書店「田舎の本屋さん」入会募集中！
案内進呈します。　希望□

■毎月抽選で10名様に見本誌を1冊進呈■（ご希望の雑誌名ひとつに○を）

①現代農業　②季刊 地 域　③うかたま

お客様コード □□□□□□□□□□

17.12

お買上げの本

■ ご購入いただいた書店（　　　書 店）

●本書についてご感想など

●今後の出版物についてのご希望など

この本をお求めの動機	広告を見て（紙・誌名）	書店で見て	書評を見て（紙・誌名）	インターネットを見て	知人・先生のすすめで	図書館で見て

◇ 新規注文書 ◇　　郵送ご希望の場合、送料をご負担いただきます。

購入希望の図書がありましたら、下記へご記入下さい。お支払いはCVS・郵便振替でお願いします。

（書名）	（定価）￥	（部数）部
（書名）	（定価）￥	（部数）部

ネコブセンチュウの対策として、ハウス全面にラッカセイを植えることで、センチュウ害の発生を防ぐことができて、土壌消毒剤よりも安くつくという。

図2−12　キュウリのハウス一面に植えられたラッカセイ。ネコブセンチュウの土壌消毒の代わりで，7月上旬にはすき込んでしまう　（撮影：松沼憲治）

(2) 売り方に合わせた品種選びと作型の選択——茹でラッカセイとして販売

個人でラッカセイを栽培する場合、煎り莢や煎り豆のほか、バタピーや甘納豆、砂糖かけなどの加工品として販売するのは難しいと思われる。それぞれ加工用の機械や道具のコストとともに、熟練した技術も必要となるためだ。

しかし、乾燥させて莢をむいた乾燥豆や掘りたての生莢のほか、茹でラッカセイや味噌ピー、ラッカセイおこわ程度ならばそれほどコストもかからず、直売所など販売先があれば個人でも十分販売が可能である。

ここでは、茹でラッカセイ用の生莢と、茹でたラッカセイの販売を中心に述べることにする。

①茹でラッカセイ品種の選び方

茹でラッカセイは莢の状態で販売されるため、外観の良否がポイントとなる。莢の色は白く、形は二粒入った、いわゆる一般的なラッカセイ型で、くびれの深さはやや浅いものから中程度のものが好まれる。くびれの深いものは洗浄時に土が落ちにくいこともあり、茹でラッカセイ用には適さない。

販売期間を長くするには、早い時期から収穫できる早生品種と中生品種とを組み合わせたり、播種時期をずらすことが必要になる。

茹でラッカセイに適する早生品種には〝ユデラッカ〟と〝郷の香〟、中生品種には〝ナカテユタカ〟などがある。中晩生品種には新品種の〝おおまさり〟があり、莢がきわめて大きく、食味も良いので今後の普及が期待される。

なお、極早生品種に〝タチマサリ〟があり、〝郷の香〟よりも早く収穫が可能であるため、早期出荷用の品種として利用することも可能である。

②販売時期を考えた栽培法

茹でラッカセイでは収穫適期の幅が短いことから、販売期間を長くするため播種時期をずらして栽培することが必要になる。

通常の播種時期は、関東地域の場合は五月下旬から六月初旬だが、マルチ栽培に不織布のべたがけ

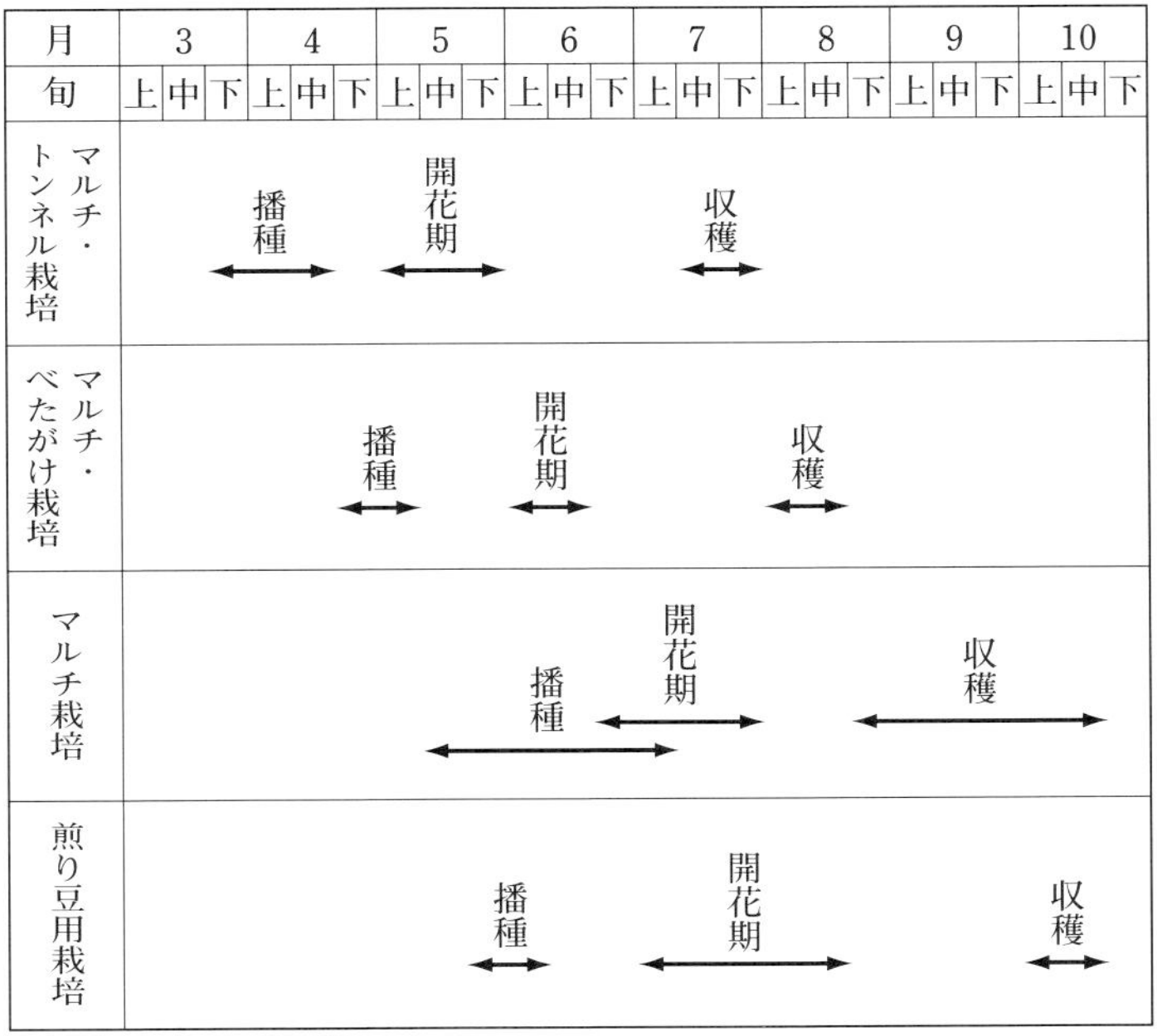

図2－13　ラッカセイ栽培の主な作型

やトンネルを組み合わせることによって、三月下旬～四月上旬頃に播種時期を前進させることができる。

一方、遅らせる場合には七月上旬頃まで播種時期を遅くすることができる（図2―13）。

なお、早まきや遅まきの場合に用いる品種としては、前述の〝郷の香〟などの早生品種が適しているが、収量がやや不安定になることと、早まきの場合にはさらに資材費がかかることを考えておく。

(3) 特別な機械は必要なく初期投資は少ない

①ラッカセイ栽培に必要な機械

栽培する面積の広さで必要な機械の種類は変わる。小規模ならば大部分は手作業ですむ。せいぜい耕耘するための小型の管理機があれば十分である。

ある程度大きい面積でラッカセイを栽培する場合には、耕耘機（トラクター）、マルチャー、管理作業機、収穫時に使う掘取機のほか、乾燥が終わった後で莢を株からとるための脱莢機も必要となる。

このうち脱莢機だけはラッカセイ専用のものになるため購入するか、ラッカセイ栽培農家から借りることも考える。千葉県のラッカセイ産地では、加工業者が脱莢機を貸し出している事例もある。

栽培面積が三〇〜五〇aと三ha規模とで想定される機械装備と労働時間を表に示した（表2—3）。

栽培面積が三〇〜五〇a程度の経営の場合、主に利用する機械装備は耕耘・整地、マルチングに用いる二〇ps程度のトラクターと、管理作業を行なう耕耘機（歩行型トラクター）、ラッカセイ用の脱莢機、および各種の作業機となる。

一方、栽培面積が三ha程度の経営の場合には、二〇〜四〇ps程度のトラクターでの作業が主体となり、一部の管理作業が耕耘機（歩行型トラクター）で行なわれることになる。

②播種や乾燥作業は手作業で

しかし、作業時間のなかで大きな割合を占める播種と乾燥作業は機械化されておらず、表2―3の二つの栽培規模を比べると一〇a当たりの作業時間の差は五時間程度と小さい。

これまでに、マルチングと播種の同時作業機、掘取機、野積み機など、機械化のための技術開発が検討されたが、作業精度や価格などの問題があり、実用化されたものはごくわずかである。機械化が進まなかったこともあって、ラッカセイの作業時間は昭和の時代と比べても大きく変わらない。それどころか、マルチ栽培が普及したため、やや増加している結果となっている。

茹でラッカセイ用に生莢を出荷する場合、収穫から調製・出荷の手間がかかるため一日に収穫できる面積は限られる。莢取りは個人出荷の場合は手作業、または簡単な道具を使う程度である。産地でまとまって出荷する場合には、やはり専用の脱莢機が必要となるが、現在は機械をつくっているメーカーが限られており、受注生産となるので価格もやや高い。

なお、莢の洗浄にはブラシ式のニンジン洗浄機を使っている事例が多くみられる。

(4)　ラッカセイの経営指標

①煎りラッカセイ用乾燥莢での出荷

標準的な生産農家の、乾燥莢出荷量は一〇a当たり三〇〇～四〇〇kgである。価格は年によって変

（落花生標準技術体系（千葉県）より作成）

〈栽培規模〉　3ha

〈主な原動機〉　トラクター：20PS
トラクター：40PS

作業機の種類	10a 当たり	
	人数	時間
人力	1	1
トラクター＋マニュアスプレッダー	2	1
トラクター＋ブロードキャスター	1	0.25
トラクター＋ロータリー	1	0.4
トラクター＋ブロードキャスター	1	0.25
トラクター＋マルチャー	2	1
人力	2	7
背負動力散粒機	1	0.3
トラクター＋ロータリーカルチベーター（2連）	1	0.3
人力	2	4
人力	—	—
動力噴霧器	1	1.2
背負動力散粒機	1	0.3
トラクター＋掘取機	1	0.4
人力	3	4
人力	3	7
トラクター＋移動式脱莢機	3	4
人力	1	1
	合計	33.4

動が大きく、豊作年には安く、不作年には暴騰したりする。農水省の統計資料（生産費調査）によると、一九九八～二〇〇三年のkg当たりの価格は三七一円から五二七円と幅があり、平均で四二二円となる。

二〇〇三年の場合、生産費は一三九千円で、そのうち労働費が一〇四千円を占めている。二〇〇三年は販売価格が五二七円／kgと高かったため三二〇kgの生

表2－3　栽培規模別機械装備と労働時間

〈栽培規模〉　30 ～ 50a

〈主な原動機〉　トラクター：20PS

歩行型トラクター：6PS

作業の種類	作業機の種類	10a 当たり	
		人数	時間
種子準備	人力	1	1
堆肥散布	トラック＋人力	2	3
石灰散布	人力	1	1
耕起・整地	トラクター＋ロータリー	1	0.7
基肥	背負動力散粒機（または人力）	1	0.3
マルチ張り	歩行型トラクター＋マルチャー	2	1.6
播種	人力	2	7
除草剤散布	人力	1	0.4
中耕・培土	歩行型トラクター＋ロータリーカルチベーター	1	0.8
マルチ除去	人力	2	4
除草	人力	—	—
防除　殺菌剤散布	動力噴霧器	1	1.2
防除　殺虫剤散布	背負動力散粒機	1	0.3
収穫	歩行型トラクター＋掘取機	1	0.6
乾燥　地干し	人力	3	4
乾燥　野積み	人力	3	7
脱莢	ガソリンエンジン＋定置式脱莢機	3	4.5
袋つめ	人力	1	1
		合計	38.4

産で一六三千円の収益があり一二八千円の所得が得られた。

ただし、販売価格を平均価格に近い四〇〇円と仮定すると、三五〇kgの収量では収益は一四〇千円、物材費を差し引いた所得は一〇〇千円ほどとなる。

②茹でラッカセイとしての個人販売

一方、茹でラッカセイ用の生莢の場合は、一部市場出荷もあるようだが、個人で直売所へ出荷

表2－4　労働時間と経営試算（10a当たり）

		茹でラッカセイ		乾燥莢	
		脱莢機利用	脱莢機未利用	2003	1998 ～ 2003平均
労働時間	栽培関係（時間）	40.0	40.0	34.7	—
	収穫・脱莢（時間）	19.0	116.3	26.2	—
	莢調製（時間）	45.7	45.7	—	—
	計	104.7	202.0	60.9	—
経営試算	出荷量（kg）	500	500	310	322
	出荷単価（kg/ 円）	800	800	527	412
	粗収益（円）	400,000	400,000	163,354	132,664
	生産費（円）	249,500	410,040	138,832	138,832
	うち物材費	71,510	66,640	35,307	35,307
	うち労働費	177,990	343,400	103,525	103,525
	農業所得（円）	328,490	333,360	128,047	97,101
	利潤（円）	150,500	－ 10,040	24,522	－ 6,424

注）茹でラッカセイの出荷単価は 800 円 /kg, 出荷量は 500kg に設定。労働単価（1,700 円 / 時間）は農林統計（2003 年），労働時間と物材費は千葉農試（1996）より

乾燥莢の出荷単価と出荷量は農林統計，労働時間は農林統計（1993 ～ 1994 年，2003 年）より

されている方が多いとみられる。一袋、二五〇〜三〇〇gでの販売が多く、販売価格はkg当たりで八〇〇〜一〇〇〇円程度である。

茹でラッカセイならば一〇a当たり五〇〇kgくらいの出荷量が期待できるので、単純に計算すると一〇a当たりで四〇〜五〇万円の粗収益となる（表2—4）。

ただし、茹でラッカセイとして販売する場合、収穫から出荷まで手作業では一〇a当たり一〇〇〜一五〇時間かかるとされ、一日に出荷できる

量が限定されてくる。このため、適期に収穫できる面積を考えながら、播種の時期と面積を計画することが必要である。また、販売先の確保が欠かせない。

茹でラッカセイのなかでも、新品種の〝おおまさり〟は、大きい莢が特徴的で、物珍しさもあってふつうのものよりも高い価格で販売されている。

③茹でラッカセイを経営にとり入れた生産事例

集団で茹でラッカセイ栽培をしている例に、千葉県の銚子にあるＪＡ銚子ゆでピー生産販売研究会がある。この地域はダイコンやキャベツの大産地だが、これらの輪作作物としてラッカセイを導入し、収益性を高めるため茹でラッカセイとして出荷している。

生産農家は三一名、栽培面積は六・六haである（一九九九年）。出荷期間を長くするため播種時期は四月中旬から五月下旬、収穫時期は八月上旬から九月下旬としている。

機械装備はラッカセイ専用の生莢脱莢機、カットマシーン（洗浄同時子房柄除去機）とニンジン洗浄機を揃えている。早朝に収穫し、脱莢、洗浄、選別後に冷蔵貯蔵され、翌朝加工（レトルト）業者に出荷している。平均収量は一〇当たり五四〇kg、販売価格六〇〇円で、一〇a当たり三二四千円の粗収益を上げている。

第3章　ラッカセイ栽培の実際

1　ラッカセイの年間管理と栽培のポイント

(1)　ラッカセイの年間管理

関東地域で中～晩生品種のマルチ栽培を行なう場合、通常は三月下旬頃に種子の準備を始める（図3―1）。

五月下旬の播種に向けて、五月上旬に堆肥や石灰施用、五月中旬に元肥、畝立てやマルチ張りなど畑の準備を行なう。播種後、五～七日で出芽し本葉が次々と展開する。ラッカセイは初期生育が遅く、雑草に負けてしまうこともあるので、六月中旬には一度目の中耕除草を行なう。

開花は種子を播いてから一カ月余りたった六月末から七月上旬に始まる。茎葉は七月に入り、気温

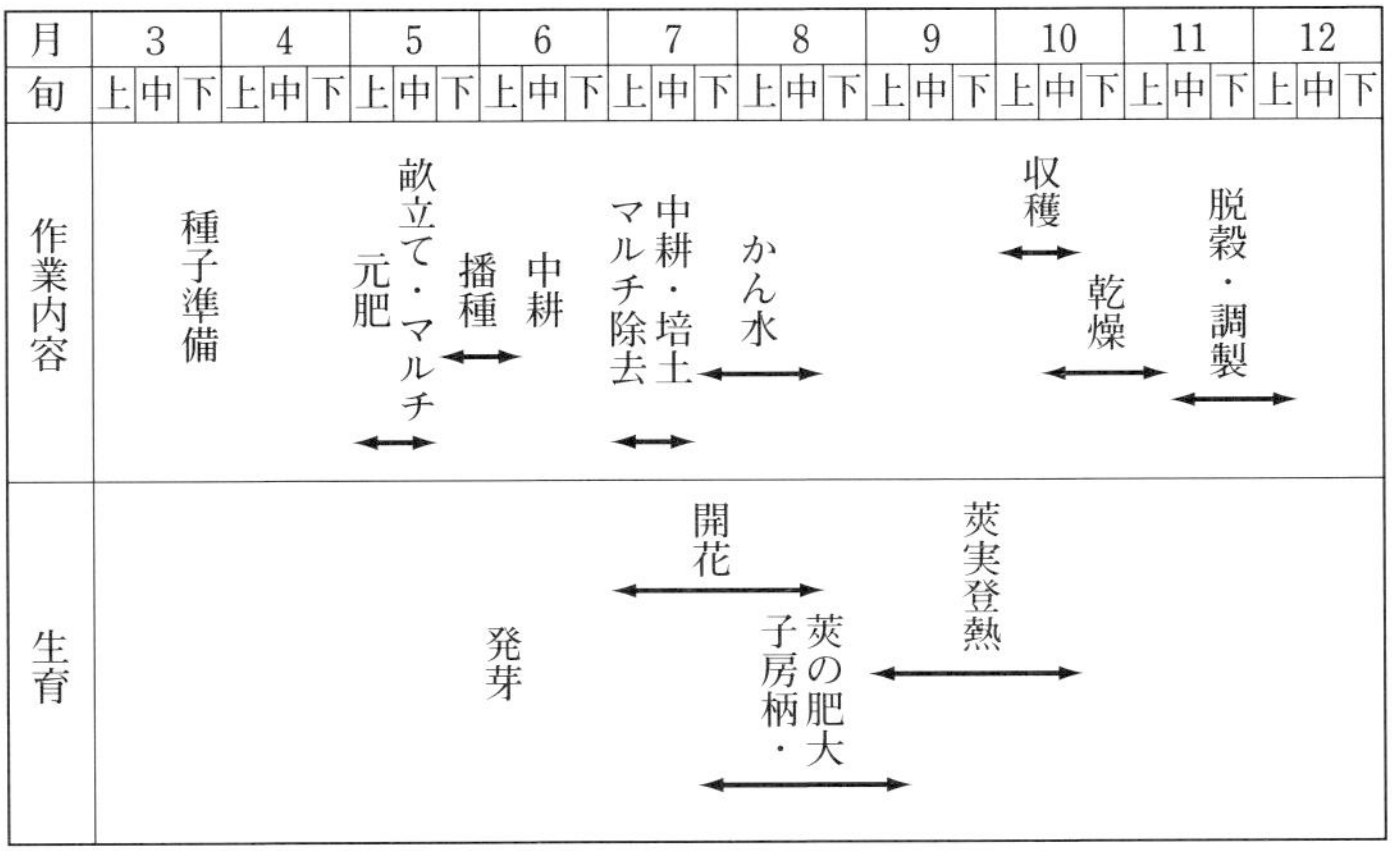

図3−1　ラッカセイの年間生育と作業

の上昇とともに繁茂しだし、株が大きくなるにつれて花の数は次第に増加していく。開花数は八月中旬頃をピークに減少に転じるが、ラッカセイの開花期間は長く、二カ月以上に及ぶこともある。

この間、子房柄が土中に潜るのを邪魔しないようにマルチをはがし、同時に中耕・培土も行なう。また、七月下旬からは降雨量に注意しながら、必要ならばかん水を行なう。

七月下旬になると、地下に潜った子房柄が肥大し莢を形成し始める。地上部では茎葉の肥大と開花、地下では莢実の肥大と充実とが同時に進行している。

十月、子房柄の組織がもろくなる前に収穫し、莢を乾燥させる。これを一一月中旬、脱穀・調製作業を行なったのち貯蔵したり、販売したりする。

(2) 初期生育を高める栽培のポイント

①播種時期の決定と早播き

第2章で紹介した通り、ラッカセイの株に咲く花のうち、早期に開花したものは充実した莢実（上莢）となるが、遅れて咲いた花はマメの肥大が不十分な未熟な莢や、莢にもなれずに子房柄のまま伸長を停止してしまうなど、上莢にはならない（図3―2）。

関東では八月上旬までに咲いた花は上莢になる可能性が高い。そのため、初期生育を旺盛とし、八月上旬までに咲く花の数をいかに多くするかが収量を高めることにつながる。そのために重要なポイントを紹介する。

まず播種時期については、ラッカセイの生育に必要な温度は一五℃以上、生育の適温は三〇℃以上といわれている。播種から収穫までに必要な生育期間は品種によって異なるが、これは開花以降の結実期間の長短によるものである。結実期間が長い大粒種の晩生品種では生育期間が一四〇〜一五〇日となるため、関東地域以南では五月下旬〜六月初旬に播種すれば収穫時期となる一一月上旬頃までは気温が生育適温の範囲となるため、生育に十分な日数が確保できる。

しかし、春の温度が低く、秋も早く低温となる北日本地域では晩生品種に必要な生育期間が確保できないため、生育期間が短くてすむ小粒種や大粒種の早生品種を選ぶとともに、保温資材を用いて春

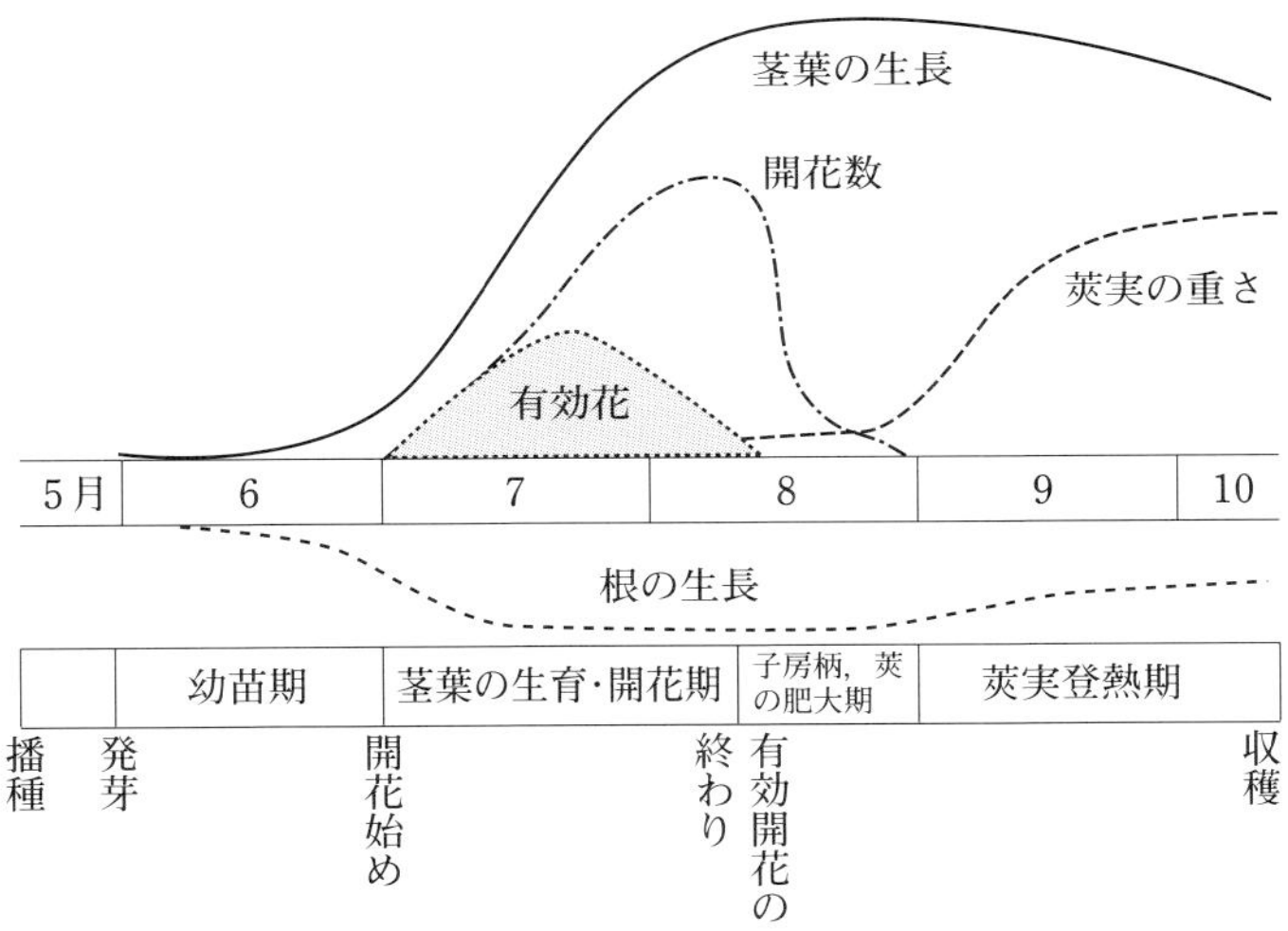

図3－2　普通期栽培におけるラッカセイの生育モデル

先の生育可能期間を前進させて、生育期間を長く確保するような栽培法が必要となる。

②マルチ栽培による開花時期の早期化

初期生育を高めて七月中の開花数を増やすためにはマルチ栽培が有効である。マルチ栽培とは、薄いプラスチックのフィルム（マルチフィルム）で畝を覆って栽培する方法である。マルチを張ることによって、地温が五～一〇℃高くなり、土壌水分が多くて土が軟らかい状態で保たれ、雑草も抑えることができるなど作物が生育するのに適した状況をつくることができる。

マルチ栽培では、マルチを使わない露地栽培に比べてラッカセイの出芽は五日ほど早く、出芽揃いも良くなる。その後の生育も旺盛となり、花が咲く時期は七日ほど早まり、早期に咲く花数も多くなる。その結果、マルチを張らない場合に比べて上莢（充実の良い莢）の数が多く、マメの太りも良くなる。

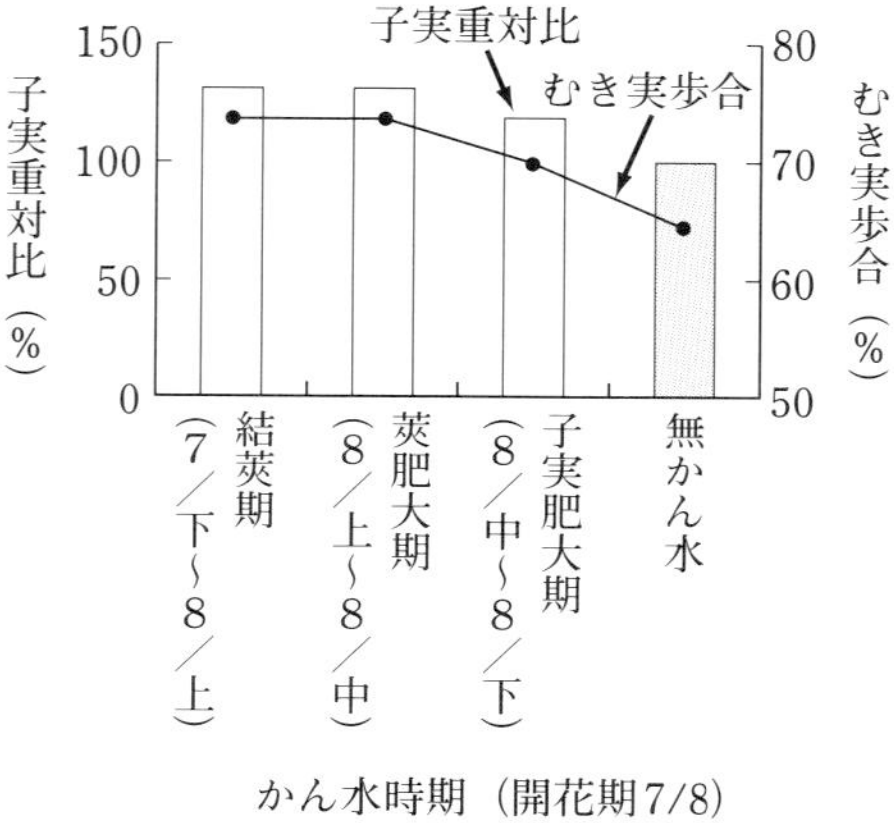

図3−3　かん水時期と子実重比，むき実歩合の関係
（千葉農試，1964）
注）子実重対比は無かん水を100とした場合の値。
むき実歩合とは，マメの重量を莢とマメの合計重量で割って100をかけた値

(3)　生育中期に気を付けるポイント

①空莢を防ぐ適度なかん水

葉に貯水細胞があるなど、ラッカセイが乾燥に非常に強い植物であることは前述した。ただし、莢や実が肥大する時期に土壌が乾燥すると、莢はできても中のマメの充実が不良となり、いわゆる空莢状態になる場合がある（図3―3）。

また、自家採種を考える場合には、幼芽褐変（64ページ）の発生防止対策としても梅雨明け後、雨が少なくて畑が乾くような場合にはかん水する必要がある。

②梅雨明け後のマルチの除去

マルチ栽培ではフィルムの除去を忘れないように気を付ける。梅雨明け後、マルチを張ったままにして降雨が少ないと、乾燥害でマメの充実が不良となって空莢が増加するおそれがある。そのため、フィルムは開花後に除去するのが基本である。

(4) 収量と味を左右する収穫適期の見極めと乾燥

①収穫時期の見極め

ラッカセイを掘ってみると分かるが、花の咲いている期間が長いため、一つの株にはいろいろな大きさの莢がついている。早く掘りすぎると充実が不十分で、乾燥後にしわの多いマメになってしまう。逆に掘る時期が遅くなると、早く莢になったものは熟度が進みすぎ、マメが扁平となり、渋皮の色のつやがなくなって外観品質が低下するばかりか、甘みが減少して味も悪くなってしまう。

ラッカセイでは収量性（マメの肥大）と品質（マメの外観品質、食味）の両面からみた収穫の適期を把握することがきわめて大切なことになる。しかし、莢は地中にあるため、その肥大具合は掘り上げてみないと分からない。また、マメについても莢の外観から、ある程度予測はできるが、やはり割ってみないと分からない。

これまでの研究の結果、開花期からの日数とラッカセイの収量や品質・食味との間に深い関係があることが分かっている。乾燥莢として出荷する場合には開花期から、早生品種では七五日目、中生品種では八〇～八五日目、晩生品種では九〇～九五日を収穫適期の目安とすればよい（図3―4）。

茹でラッカセイとして食べたり出荷する場合には、乾燥莢の収穫時期よりも七日程度早めに収穫することで、甘みが強くおいしいラッカセイとなる。

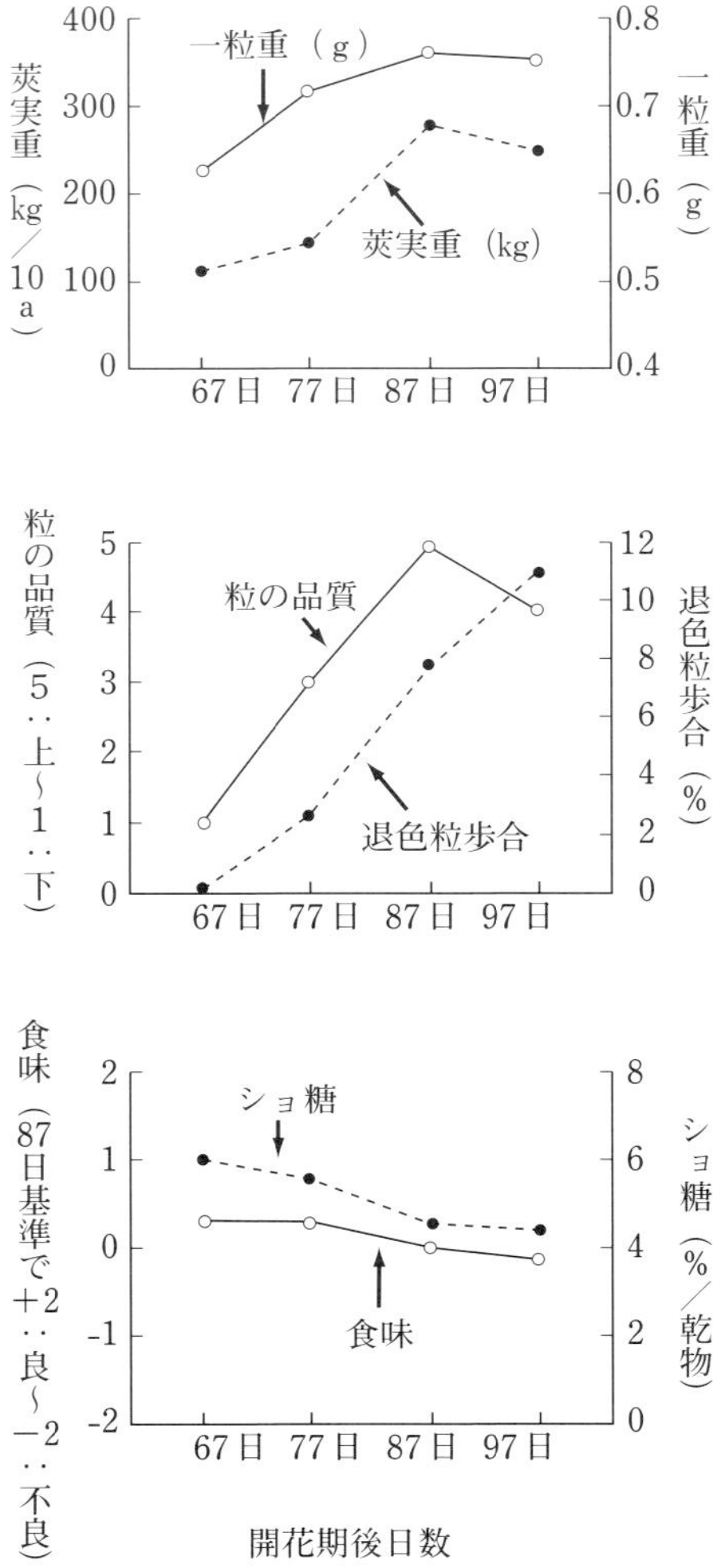

図3―4　開花後日数と収量・品質・食味の推移（千葉半立）（千葉農試）

②試し掘りによる適期の判断

ただし、その年の気象条件（特に気温）によってはマメの肥大の進み方が異なる可能性があるため、夏が暑ければやや早め、涼しければ少し遅らせるなど考慮する必要がある。そして、収穫適期と思われる時期より五～七日ほど早めに試し掘りをして莢の外観や莢裏の色などを参考にし、収穫時期を決めるとよい。

③乾燥工程が最後の決め手

煎り豆用に出荷する場合には、収穫したラッカセイを莢のまま乾燥させる。この乾燥作業が良質のラッカセイを生産するための、最後の決め手となる。

ラッカセイの甘みのもとであるショ糖分は、収穫後一時減少するが、その後増加に転じ、乾燥期間を通してゆっくりと増加し、脱莢作業時には収穫時よりもショ糖分が高くなっている（図3―5）。

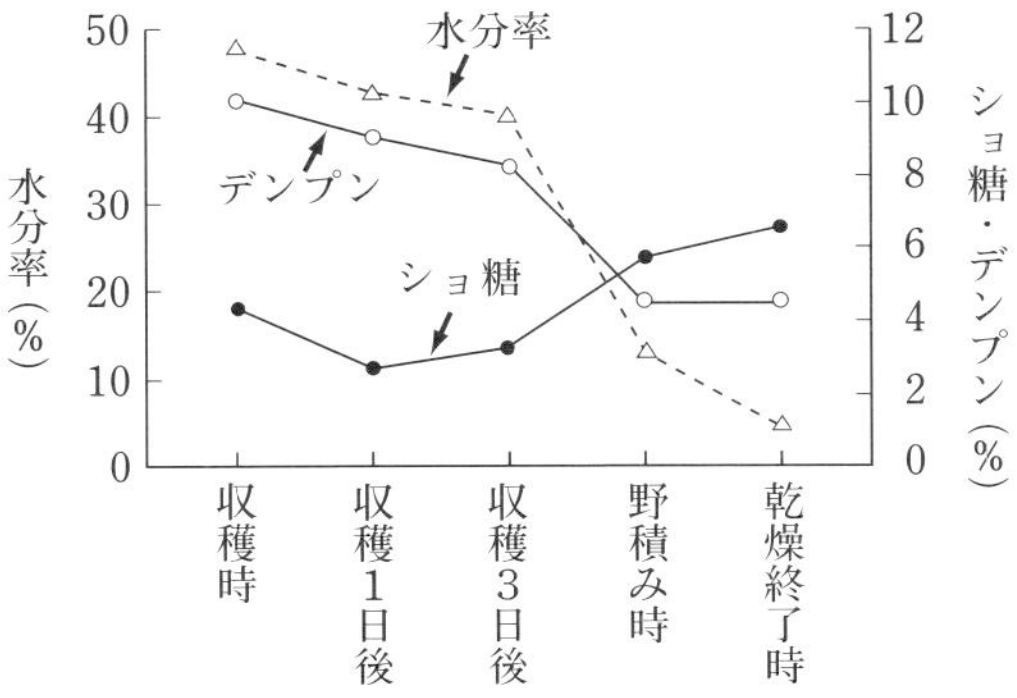

図3－5　収穫後のショ糖・デンプンの推移

これは、乾燥期間中にマメの中でデンプンなどがショ糖に変換しているためと考えられ、乾燥作業の手間を省くために温風などで短期間に乾燥させたりすると、自然乾燥させたものに比べて甘みは少なく、食味が劣る。

関東では収穫したラッカセイを四～五株をまとめて莢を上にして地干しし、七～一〇日後に円筒状（ボッチ）に積み上げて野積み乾燥させる。掘り取り直後のラッカセイは茎や葉の水分が高いほか、莢実も四〇～五〇％の水分を含んでおり、全体を一カ所にまとめるとカビが生えやすくなるため、地干しで予備乾燥を行ない、全体の水分を低くしてから野積みにし、自然乾燥でゆっくりと仕上げる。

地干しや野積みで、時間をかけてゆっくりと乾燥させる方法が、おいしいラッカセイに仕上げるポイントとなる。

2 品種の特性と選び方

(1) 品種選びのポイント

①栽培する地域と早晩性の選択

先に述べた通り、以前は北関東が北限とされていたラッカセイの栽培適地も、現在は北東北～北海道南部地域まで広がっている。

主産地である関東では生育可能日数が長いため、早生から晩生の品種が栽培可能である。九州でも

表3−1　主要産地の県別奨励品種

（農水資料を一部改変，2009）

県名		品種名
関東	茨城県	サヤカ，△千葉半立（準），△ナカテユタカ（認）
	栃木県	ナカテユタカ，千葉半立
	千葉県	郷の香，ナカテユタカ，千葉半立
	神奈川県	改良半立，郷の香
九州	長崎県	千葉半立
	大分県	ワセダイリュウ
	宮崎県	千葉半立，ナカテユタカ，土の香
	鹿児島県	ナカテユタカ，郷の香，ふくまさり

注）（準）は準奨励品種，（認）は認定品種
　神奈川県は，相州落花生（協議会）の推奨品種

同様の品種が栽培可能だが、秋の台風やさび病の発生が多いこともあり、収穫時期が早い早生品種の栽培が適している（表３—１）。

寒冷地では生育可能日数が短いので、早生品種にマルチ栽培（地域によってはハウス、トンネル、べたがけ栽培も）を組み合わせる必要がある。

②利用目的による品種の選択

現在のラッカセイの主な利用法は煎り豆加工で、煎ったときの食感（硬さ）と甘み、そして独特な風味が好まれている。一般に栽培されている品種のなかでは〝千葉半立〟が風味の強い品種として高く評価されている。

一方、茹でラッカセイ用としては、莢の形や色の白さなどの外観品質と、甘さの強いものが評価される。茹でラッカセイに適した品種として栽培が始まった〝郷の香〟のほか、煎り豆用として栽培されてきた〝ナカテユタカ〟、そして新品種の極大粒種の〝おおまさり〟も莢が大きいとい

う外観の特徴と、良い食味で茹でラッカセイとしての栽培が広がっている。

煎るとやや軟らかい食感となる小粒種は、最近栽培が減ってしまったが、砂糖と味噌を絡める落花生味噌などの料理には適している。

直売所などに並べて見た目で惹きつけるには、極大粒種の〝ジェンキンスジャンボ〟や、種皮の色が赤や黒い品種もよいだろう。各品種の種子の入手は、地域の種苗店に問い合わせるとよいだろう。

図3－6　千葉半立
（写真提供：千葉農林総研 落花生研究室）

(2) 主な品種の栽培特性

千葉半立（一九五三年、千葉県選抜固定）（図3―6）

やや大粒の中晩生品種。千葉県内の農家ほ場で栽培されていた伏性品種のなかから選抜固定された。草型が中間型（半立性）で、それまでの品種に比べて枝の広がり具合が少ない。そのため、栽培中の管理作業や収穫作業がしやすく、収量も多かったため千葉県をはじめ多くの県で栽培されるようになった。

収量性に関しては、最近もっと優れた品種も出てきたが、煎り豆としたときの食味が良好で、特に独特な風味の強さが

図3－8　郷の香

図3－7　ナカテユタカ

（図3－7，図3－8とも写真提供：千葉農林総研　落花生研究室）

高く評価されている。主に関東地域で煎り莢用ラッカセイとして栽培されている。

野菜作後など肥沃な畑での栽培では地上部が過繁茂となり、莢つきが悪くなりやすい。

改良半立（一九五九年、神奈川県育成）

やや大粒の中晩生品種。品種の特性は〝千葉半立〟とほぼ同様。煎り豆としたときの食味は良好で、神奈川県で煎り莢用のラッカセイとして栽培されている。

サヤカ（一九九一年、千葉県育成）

大粒の中生品種。草型は中間型で、収量性は高い。煎り豆としたときの食味も良好。茨城県で煎り莢用のラッカセイとして栽培されている。

ナカテユタカ（一九七九年、千葉県育成）（図3－7）

大粒の中生品種。草型は立性で、野菜作後など肥沃な畑での栽培に適しており、収量性が高い。煎っても茹でても食味は良好で、関東、九州など各地で栽培されている。

図3－9　おおまさり
（写真提供：千葉農林総研 落花生研究室）

郷の香（一九九五年、千葉県育成）（図3—8）

やや大粒の早生品種。草型は立性で株元に莢が集まり、収量性が高い。莢は色が白く、外観品質が優れている。茹でたときの食味が良好であることから、関東地方で主に茹でラッカセイ用に栽培されている。

おおまさり（二〇〇八年、千葉県育成）（図3—9）

極大粒の中晩生品種。〃ナカテユタカ〃（母）と〃ジェンキンスジャンボ〃（父）との交配で育成された。

草型は中間型で、〃千葉半立〃に比べると枝はやや長く、地上部の繁茂量は大きくなる。〃ジェンキンスジャンボ〃に比べて株当たりの上莢数は多く、莢型や外観品質は優れている。収量性は高いが、莢実の熟度のバラツキがやや大きい。〃ジェンキンスジャンボ〃と同様、オレイン酸の含有率が高いのが特徴（表3—2）。

茹でラッカセイとして食味は良く（図3—10）、収量性も高いため、今後の普及が期待される。

表3−2　おおまさりの子実成分表　（千葉農林総研）

品種名	タンパク質（%）	脂質（%）	ショ糖（%）	脂肪酸組成（%）	
				オレイン酸	リノール酸
おおまさり	24.6	39.5	7.3	52.9	26.9
千葉半立	25.1	44.3	4.8	49.3	30.0
ナカテユタカ	22.7	44.4	5.2	41.5	36.5

注）子実水分は6.2%に換算

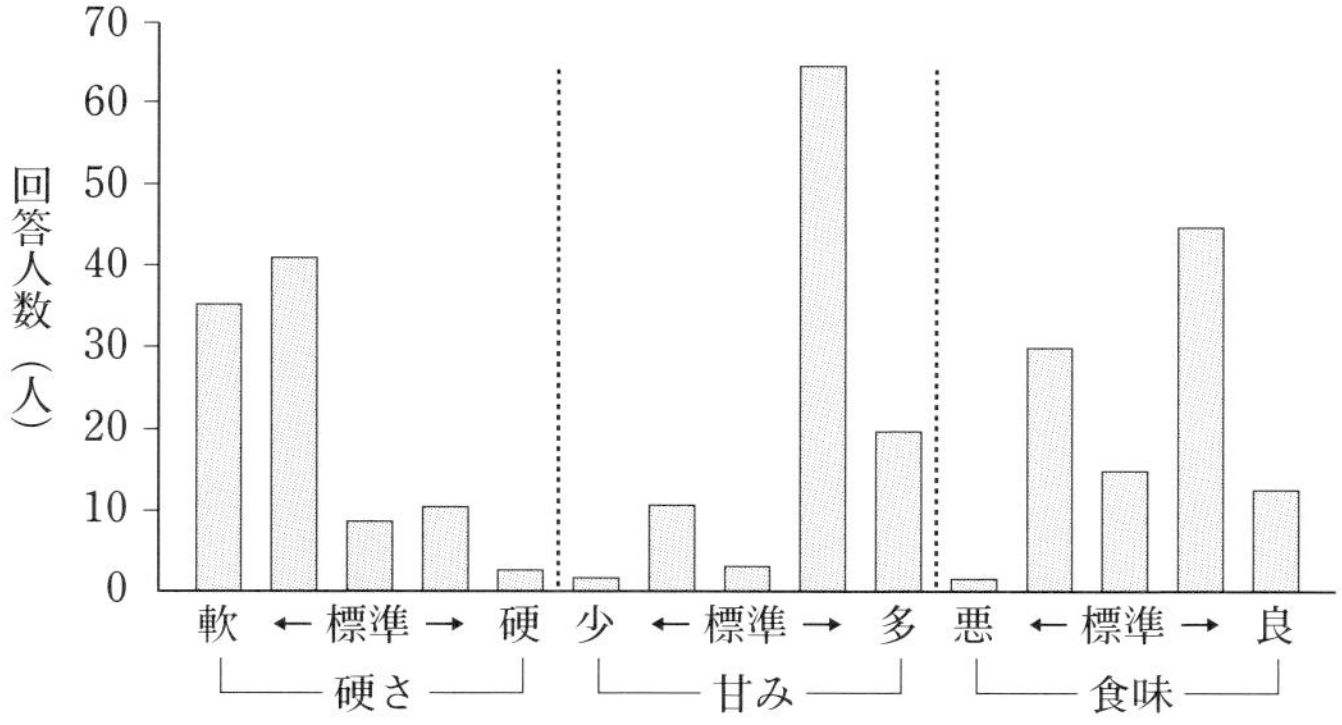

図3−10　おおまさり（茹で豆）の食味評価

（千葉農林総研，2008）

注）回答は学生99名による。標準は郷の香

タチマサリ（一九七四年、千葉県育成）

大粒の極早生品種。草型は立性で、莢は株元に集中し、莢実の充実が良い。大粒品種では最も早く収穫でき、収穫時期が〝千葉半立〟よりも二〇〜三〇日、〝ワセダイリュウ〟より五〜七日早いことから、九州の熊本県や宮崎県、東北の岩手県のほか、神奈川県でも栽培された。現在では静岡県、宮崎県で栽培されている。

ワセダイリュウ（一九七二年、千葉県育成）

大粒の早生品種。草型は立性で、徒長が少ないため鹿児島県で安定多収の早熟大粒種として栽培されている。

ふくまさり（二〇〇二年、千葉県育成）

大粒の早生品種。草型は立性で、収量性が高い。煎り豆としての食味は良い。鹿児島県で栽培が始まった。

ジェンキンスジャンボ（アメリカ）

極大粒の晩生品種。草型は伏性で枝は長く、地上部の繁茂量が多い。株当たりの上莢数が少なく莢実の熟度のバラツキも大きい。莢に厚みがあり、くびれが浅くて外観品質ではやや劣る。莢の大きさと、オレイン酸の含有率がほかの品種に比べて高いのが特徴。

小粒種

以前は〝ジャワ13号〟や〝白油7―3〟などが、北関東地域などで栽培されていた。いずれも立性で枝数は少なく、莢が株元に集中する。莢実の充実は良く、収量性も高い。

煎り豆とすると食感がやや軟らかいことから、砂糖や味噌を絡めた落花生味噌づくりに向いている。

有色種

〝バレンシア〟は種皮が赤い品種。株の特徴は小粒種と同様、立性で枝数は少なく、莢が株元に集中する。莢つきは小粒種より少ない。一莢内の粒数は三～四粒となる。

3　種子の準備

(1) 必要な種子量——品種によって株間が違う

三月下旬になったら種子の準備を始める。

必要な種子の数は、面積当たりの株数と一株に播く粒数で決まる。株間は立性の品種ならば狭く、中間型の品種ならば広くとるので、株数は栽培する品種によって違う。

通常、中間型の株間は三〇cm、立性では二四～二七cm程度とする。畝幅を七〇cmとする場合、一〇a当たりの株数は、中間型で四八〇〇株、立性では五三〇〇株となる。

一株二粒播きで、種子の重量を〇・八g程度と考えた場合、種子の量は一〇a当たり八kg（五〇〇〇株×二粒×〇・八g）となる。一粒播きの場合はこの半分でよい。

自分で莢を割って種子の準備をする場合、種子にできるラッカセイの歩留りをやや低めだが五〇%と考え、一〇a当たり、莢は一六kg程度を用意しておけば不足することはないだろう。

(2) 種子の選別――幼芽褐変に気を付ける

先に述べたとおり、ラッカセイ栽培の成否は初期生育の良否がひとつのポイントとなる。このため、種子の選別は大切な作業になる。発芽が早く苗の生育に十分な養分をもっているものは初期生育が旺盛となる。

種子用に使うマメは、小粒のものや、大きすぎるものは除き、中くらいか、やや大きく、充実の良いもので、種皮に光沢のあるものを選ぶ。

カビが生えているものや、種皮に傷がついているようなものは発芽力が低いため種子用からは除く。

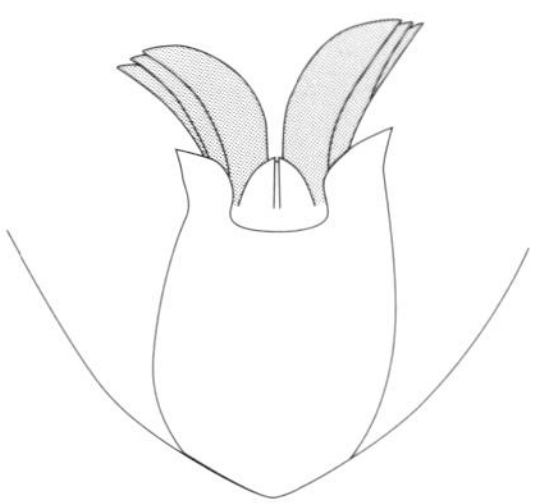

図3−11　幼芽褐変の症状
マメ内の幼芽部分が褐変する

また、マメが扁平で、種皮に光沢がないようなものは収穫時期が遅れて過熟になったもので、発芽までにやや日数が長くかかる。そのようなものは、種子量が不足した場合でなければ種子には用いないようにする。

さらに、外観上はふつうの種子に見えても、なかには幼芽褐変といい、マメ内の幼芽部分が褐変症状を示すものがある。幼芽褐変には、葉の一部に症状がみられるものから幼芽全体が褐変するものまで、症状には程度の差がみられる（図3―11）。

出芽した葉の一部が異型になるなど、症状が軽ければ出芽後生育が一時的に停滞するものの、その後の生育への影響は少ない。しかし褐変症状が激しいものは、不出芽になるか、出芽はしてもそのまま枯死してしまう場合が多い。

幼芽褐変症状の発生原因については、結実期間中のかん水により症状の発生が軽減されることから、マメが充実する期間に乾燥が著しい環境におかれた場合に発生するものとされている。また、症状の発生には品種間差もみられ、〝ナカテユタカ〟のほうが〝千葉半立〟に比べて発生程度が高い。

前年の夏、雨が少なくて空莢が多かった場合には、念のために種子を割って中の幼芽の状態を確認するとよい。

4　ほ場の準備

(1)　ほ場の選定――日当たりの良い、水はけの良い土地を選ぶ

ラッカセイ栽培には壌土から砂質土が最適だが、水はけの良い畑ならば土の種類はあまり選ばない。転換畑など、水はけのあまり良くない畑でつくる場合は、ほ場の周囲に排水のための溝を掘るか、高く畝を立てる。また、砂地などの乾きやすい畑では乾燥害により収量や品質が低下するおそれがある

ため、必要に応じてかん水を行なう。

(2) 堆肥の利用と施肥——前作の残肥がある場合は窒素分ゼロでも

①堆肥の施用と石灰の散布

ラッカセイは根粒菌が働くため、やせた畑でも栽培できる。とはいうものの、やはり地力の高い畑ほど収量は高い。土つくりとして堆肥などの有機物は、できれば前作のときに施しておきたい。作物の組み合わせの項で述べたが、サトイモのような前作物への堆肥の施用は、後作でのラッカセイにとっても、きわめて効果的なものとなる。

播種の二週間前にはほ場全体に石灰を施す。ラッカセイの莢やマメの生育には石灰分が欠かせない。土壌のpH調整（最適pH五～六程度）も兼ねて、消石灰または苦土石灰を一〇a当たり六〇～一〇〇kgを耕起前に畑全体に散布し、耕起して土になじませておく。播種前に施用できなかった場合には開花後の土寄せの前に追肥として散布する。

②元肥の施用

主要な肥料成分は、ほかの作物と同様、窒素、リン酸、カリである。

通常追肥は施用せず、元肥のみの施用とする。ただし肥料が流れやすい砂質土の畑では、窒素とカリの二〇%程度を追肥にまわす。

播種の五日ほど前に、一〇a当たり窒素三kg、リン酸一〇kg、カリ一〇kgを、畑全面に施し耕起する。窒素成分が少ないのは、根粒菌により固定された窒素の吸収があるためで、ラッカセイ栽培における窒素肥料は、主に初期生育を促進させるためのものと考えてよい。

前作が野菜など、肥料の残効が高いと予想される場合には、施用する窒素成分は半量程度に減らす。極端に残効がありそうなときは窒素施用量ゼロでの栽培も可能である。窒素分が多いとツルボケするおそれがあり、また根粒菌による窒素固定量も減ってしまう。このため、元肥では窒素施用をせず生育具合をみて追肥するという方法もある。

なお、通常、畑にはラッカセイに着生する根粒菌が存在しているため、あらためて接種する必要はないが、転換畑などのように、これまでラッカセイを栽培をしたことがないような畑の場合には、根粒菌を接種することも考えておくとよい（根粒菌資材の問い合わせ先：十勝農協連合会農産化学研究所〇一五五—三七—四三二五）。

(3)　マルチの被覆——フィルム面を土に密着させる

元肥の施用と耕起が済んだら、整地してベッドをつくり、マルチフィルムを張る。ベッド幅は七〇cm、通路幅は六〇cm程度とする。

すでに述べたとおり、マルチ栽培は収量・品質を高めるのに非常に有効である。フィルムの被覆によって地温は五～一〇℃高くなり、露地と比べて出芽は五日ほど早く、開花も七日ほど早めることができる。

農業用のフィルムにはいろいろな種類（色、厚さ、材質）があるが、ラッカセイのマルチ栽培には光の透過度の高い、透明か銀ねずの薄い（厚さ〇・〇二㎜）ポリエチレンフィルムを用いる。

一般的には九五㎝幅で二条植え用の穴あきフィルムが使われている。穴の大きさは中～大のもので、穴の間隔に関しては「株間と条間」の項目で述べる。

フィルムを張るときには表面の土をできるだけ平らにし、フィルム面が土に密着するようにすること。大きな土塊があったり、でこぼこでフィルム面がしっかり密着できていないと雑草の発生を抑えることができない。

なお、張ったフィルムは開花後に取り外す。梅雨明け後、降雨が少ないときにフィルムを張ったままにしていると、乾燥害でマメの充実が不良となって空莢が増加するおそれがある。

雑草が多くて収穫期までフィルムを張ったままにしたい場合は、可塑剤の配合の少ないフィルムを使うようにする。可塑剤が多く、粘りが強いフィルムでは、下に伸びてきた子房柄がフィルムの表面で滑ってしまい、フィルムに刺さらず地中に入ることができなくなる場合がある。

5　播種

(1)　播種の適期――発芽最低温度は一二℃

ラッカセイの発芽に必要な最低温度は一二℃である。各地域での播種適期は、九州地域で四月下旬～五月上旬、関東・東海地域で五月下旬～六月初旬、東北地域・高冷地では五月中旬頃となる。

播種前後の降雨はラッカセイの出芽を悪くするとされ、播種は天気の良いときに行なうことが出芽を良好とし、その後の生育を順調に導くこととなる。

なお、移植栽培や欠株の補植を行なう場合は、本葉が二～三枚の時期までに本圃へ移植する。

(2)　株間と条間――立性・中間型・伏性によって変わる

ラッカセイ栽培での株間は品種の特性（株の広がり具合）によって変わる。マルチ栽培では二条植えの穴あきフィルム（条間四五cm）を使うのが一般的で、温暖地では草型が中間型（千葉半立など）の品種には株間三〇cmのフィルムを使う（図3―12）。

立性の早～中生品種（〝郷の香〟や〝ナカテユタカ〟など）用には株間のやや狭い二五～二七cm間

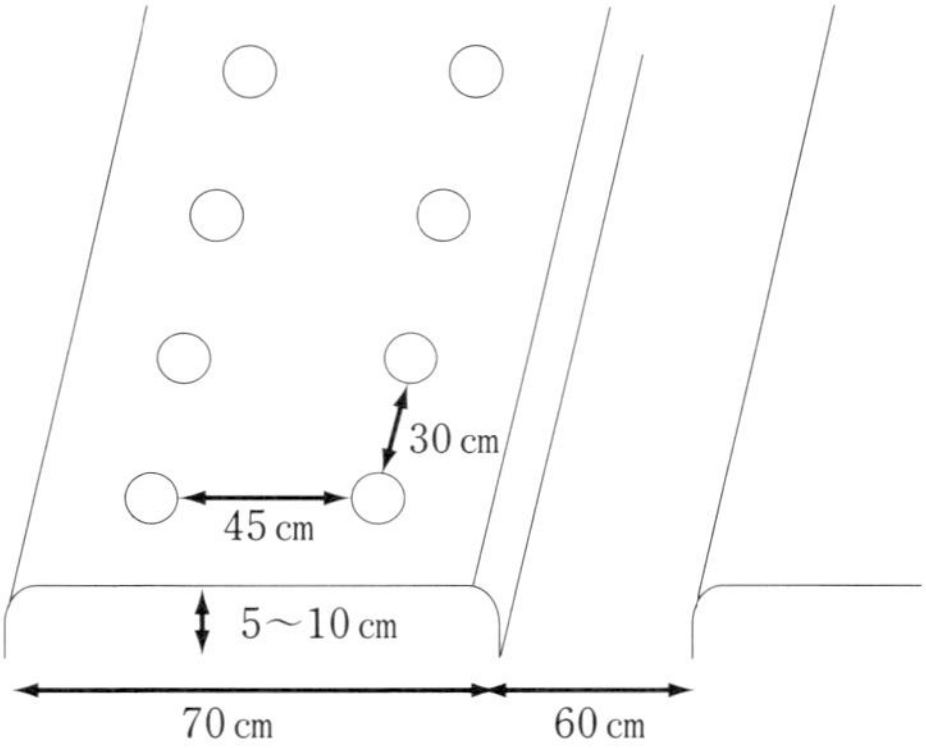

図3―12　マルチ栽培の株間と条間

隔のものが適している。なお、寒冷地や暖地でのマルチ栽培の場合には、株間を一五cm程度の密植栽培とすることにより、多収が得られる。

マルチを張らないで栽培する場合は単条植えで、機械での管理作業ができるように、条間は六五～七〇cm程度、株間についてはマルチ栽培と同様に、立性の早～中生品種（〝郷の香〟〝ナカテユタカ〟など）では二五～二七cm、中間型（〝千葉半立〟〝サヤカ〟〝改良半立〟など）では三〇cm程度とする。

株が広がる〝おおまさり〟では、収穫時の作業性を考えて四〇～五〇cm程度と株間を広くとるとよいだろう。

(3) 播種――横向きに播く

播種は、通常手播きである。一穴に播種する粒数は一～二粒で、播種の深さは三cm程度とする。ラッカセイの種子は芽と根の出る方向が決まっており、播くときには芽の出るほうを上にすることが望ましいのだが、作業性や上下の判断がむずかしい場合もあるため、横向きに播種するのが無難である。

発芽しなかったり、後述の鳥害によって欠株が出ると大きな減収につながる。すみやかに追播きや補植を行なうことが大切である。

(4) 鳥害の回避――播種後の防鳥ネットやテグス、忌避剤で防ぐ

ラッカセイ栽培では鳥害が問題となることがある。主な犯人はカラスで、出芽時に子葉をつついたり、種子ごと引き抜いてしまったりする。

畑全体や畝ごとに網を掛けたり、カラスは体に物が触れることを嫌うため、カラスが畑を歩くときに体が触れるような高さにテグス（釣り糸）を張るなどの対策をとる。

また、忌避剤（キヒゲンR-2フロアブルなど）を種子にまぶしてから播種するのも効果がある。カラスは収穫期にも被害を与えるが、それは「収穫」の項で説明する。

(5) ポット育苗――小規模栽培ならばポット育苗も可能

ラッカセイはふつう、畑に直接種子を播くが、小規模栽培ならばビニールポットでの育苗移植栽培が可能である。移植栽培はカラス対策にもなる。

五cm程度のポットで育苗し、本葉二葉頃に移植する。

6　管理作業

(1)　除草対策――初期生育が遅く雑草に負けやすい

ラッカセイは初期の生育が遅いため、雑草の発生が多い畑では雑草に負けてしまうことがある。雑草対策の基本は雑草種子を畑に残さないことだが、除草剤の利用と中耕・培土などの耕種的防除を組み合わせて効率的に防ぎたい（図3―13）。

播種後の除草剤散布＋中耕・培土＋拾い草が基本だが、畝間に雑草が多く発生したときには、生育期の処理として畝間に非選択性除草剤を散布することも考える。

播種後には除草剤を散布する。除草剤は、畑に生える主な雑草の種類に応じて選んでほしい。例えばイネ科雑草が多い畑にはイネ科雑草に効果の高い除草剤を使用する。

除草剤には粒剤と液剤があるが、粒剤のほうが簡単に散布できる。生育中に非選択性除草剤を畝間に散布する場合には、薬液がラッカセイの葉にかからないように噴霧機の先端にカバーなどをつけるとよい。

なお、マルチ栽培ならば被覆部分の雑草を抑えることができるので、通路部分と株元の草取り程度

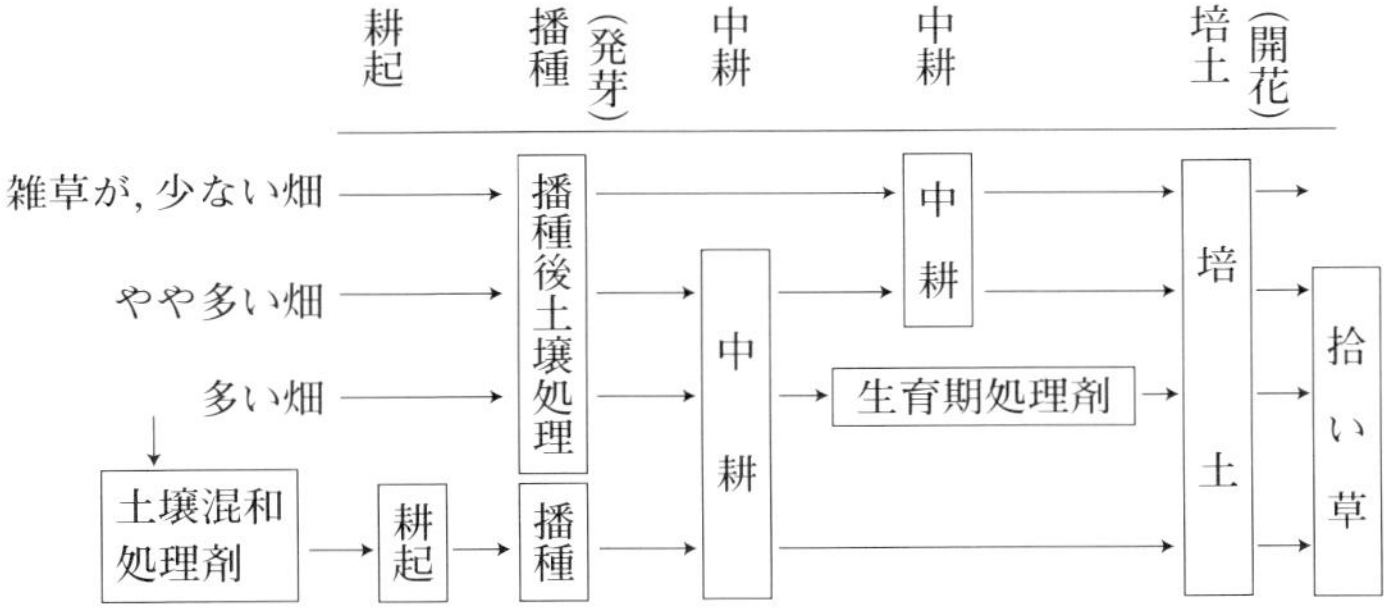

図3－13　除草剤の防除体系

ですませることができる。

(2) マルチ除去――開花後一〇日でマルチ除去

火山灰など土の乾きやすい畑でのマルチ栽培では、株が大きくなる前にマルチフィルムを除去する。夏の間、雨が少ないときにフィルムを張ったままだと、マメの太りが悪くなり、空莢が多くなってしまうことがあるためである。

フィルムの除去は、花が咲き始めてから一〇日後頃に行なう。フィルムの中央をカッターなどで切り開き、片側ずつ斜め上に向けて引き上げてはがす。フィルムを引き上げるときにはある程度勢いをつけるとはがしやすい。また、ベッド間の通路に入り、両側のフィルムを一緒にはがすこともできる。

フィルムを外す時期が遅くなるとラッカセイの株が大きくなり、フィルムをはがすときに、伸びた子房柄を傷めることもある。

フィルムをはがしたあとは畝間を中耕し、株元へ軽く土を寄せて培土する。

(3) 中耕・培土——子房柄の結実を助け、掘り取りをラクに

雑草防除と、結実を助けるために中耕・培土を行なう。一回目は播種後三～四週間頃、散布した除草剤の効果が切れて、雑草が発生し始めるころ、二回目は開花期頃に行なう。

中耕は畝間をカルチベーターやロータリーで耕耘し、主に除草効果をねらったものである。培土はラッカセイの株元へ軽く土を寄せ、子房柄の地中への侵入を助けるものである。通常は中耕作業の後に培土を行なうが、管理機やトラクターに培土板（土寄せ機）を組み合わせれば、中耕・培土を同時に作業できる。

マルチ栽培でフィルム除去後に中耕・培土を行なう場合、ベッド内は条間の幅が狭くなっているため、ベッド間の畝間のみの作業とする。

(4) かん水の目安——梅雨明けからはようすをみて

梅雨明け後に雨が少なく、畑が乾いている場合には、かん水することが望ましい。莢やマメが肥大する時期に土壌が乾燥すると、莢はできても中のマメの充実が不良となり、いわゆる空莢状態になる場合がある。

七月下旬～八月中旬にかけて、七～一〇日おきに二～三回たっぷりと（二〇～三〇mm）かん水する。

（5）病害虫の防除

この項でとりあげている病気や害虫は代表的なもので、このほかにもいろいろな病気が発生したり、害虫がついたりする。特に連作すると病害虫による被害は多くなり、品質の良いラッカセイが収穫できなくなってしまうこともある。

また、病気には地域や気象条件によって発生しやすいものもある。東北の寒い地域の灰色かび病、九州地域のさび病などである。また夏に雨が少なく気温が高い年には白絹病などの立枯症状が、低温の年にはそうか病の発生が多くみられるようになる。

病気も害虫も、輪作することで発生を抑えながら、発生した場合は状態を見極め、必要に応じて適用のある薬剤防除などしっかり対策をとることが必要である。

①主な病害

黒渋病

葉に一～四mmの黒褐色の円形の病斑を生じ、八月上～中旬に下の葉から発生がみられる。高温多湿の年に発生が多くなり、多発すると落葉が早まり、減収の原因となることもある。よく似た症状の褐斑病とは、病斑が葉の表裏に光沢のある黒褐色で、周囲に黄色の輪がないことで区別ができる。

連作を避けて、収穫残渣は焼却する。

褐斑病

葉に一～一〇mmの周囲に黄色の輪がある褐色の円形の病斑を生じる。発生は黒渋病よりも早く七月頃からみられ、多発すると落葉が早まる。病原菌は葉や茎についた状態で畑に残るため、連作すると発生が多くなる。

罹病した葉や茎は集めてほ場の外に持ち出すか焼却する。ラッカセイの茎葉でつくった堆肥は完熟したものを使うようにする。

さび病

葉の裏側に橙黄～暗褐色の粉状物を生じ、葉が枯れ上がり子房柄が切れやすくなる。

畑での発生は部分的に始まり、次第に周辺へ広がっていく。さび病は生きた植物でしか生活できず、冬の間日本にはラッカセイがないため、伝染源となる胞子は夏以降の台風にのって、東南アジアから飛んでくると考えられており、九州地方で問題となっている。

茎腐病

株が急にしおれ、その後黄化して立枯れてしまう。また、枯れた株の茎の表面に多数の小さな黒点を生じるのが特徴である。発生は六月頃から八月にかけて続き、畑の同じ場所で発生することが多くみられる。

発病したほ場では数年間、ほかの作物をつくるようにする。発病株は抜き取って焼却する。

白絹病

夏の温度が高い時期に株がしおれ、その後枯れる。株の地際部が白い菌糸で覆われ、茶褐色の小さな丸い菌核が多くみられることがある。この菌核はほ場に残り、翌年の発生源となるばかりか、土中での生存期間が五~六年と長い。また、白絹病は多犯性で多くの作物で発生がみられるが、イネ科作物では発生しないため、イネ科作物と輪作することが被害軽減の有効な対策となる。発病株は抜き取り、周囲の表土も除去する。

そうか病

葉、葉柄、茎、子房柄など各部位に発生がみられる。始めは小さな褐色の病斑だが、その後拡大して表面がかさぶた状の褐色病斑となる。発病の激しい場合には葉の縁が巻き上がり、新葉は萎縮した症状となる。子房柄に発生した場合にはマメの肥大が不良となり、減収を招くことがある。

病原菌は株について畑に残るため、翌年の発生源となるとともに、連作によって発生が助長される。病気にかかった株を抜き取って焼却し、発病株は堆肥にしないように注意する。

低温多湿の条件下で多発するが、気象条件によっては発生がみられないこともある。

灰色かび病

灰色状のカビが開花後のしおれた花から上に発生し、その後分枝に発病が広がっていく。低温多湿で発生が増加し、東北地域の主要な病害であるが、トンネル栽培でも発生のおそれがある。対策として密植は避ける。

莢褐斑病

初め莢の表面に褐色小班点を生じ、のちにこれらの斑点が融合して、大型不正形の褐斑となる。子房柄にも同様の褐斑を生じる。しかし、根や茎葉に病班はみられない。病勢が進むと、莢の内側や種皮も褐変する。

病原菌はリゾクトニア菌（糸状菌）で、菌糸と菌核で土壌中に生存し、土壌伝染する。特に茹でラッカセイでは、外環品質が低下する原因となるため、発生の多いほ場では次年度の作付けを控える。また、イチゴやテンサイ、ゴボウ、ニンジン、ジャガイモなどとの連作も避ける。

カビ毒（アフラトキシン）

ラッカセイにつくカビのなかには、アフラトキシンといって発がん性のある毒物をつくるものがある。幸い日本にはこのカビはいないが、外国ではこのカビの発生で問題になることもある。外国から輸入されてくるラッカセイは検査を受けているから、私たちが食べるラッカセイは問題ない。

②主な虫害

センチュウ

ラッカセイに被害を与えるセンチュウはキタネコブセンチュウが主なもので、被害を受けたラッカセイは地上部の生育が著しく不良となる。そのような株を引き抜いてみると、根の発育が悪く、細かいひげ根が発生しているのが特徴である。

非寄生作物であるイネ科の作目やサトイモやサツマイモ、対抗植物であるギニアグラスなどと輪作する。

コガネムシ類

コガネムシには多くの種類がいるが、葉を食べるものは体の小さなヒメコガネ（成虫）が主である。地下部（茎の地際部や莢実、子房柄、根）を食害するコガネムシ（幼虫）類のなかでは体の大きなドウガネブイブイによる被害が大きく、地際の食害により株全体が枯死したり、莢ばかりでなく中のマメまで食害を受ける場合があり、発生が多い場合には収量、品質に大きな影響を受ける。

麦わらが生ですき込まれた場合や、熟成中の堆肥などが仮積みされていたような場所での発生が多くみられる。未熟有機物の施用を控える。

ヒョウタンゾウムシ類

サビヒョウタンゾウムシとトビイロヒョウタンゾウムシの二種類がいる。前者は火山灰土の畑、後者は砂質土の畑で発生が多くみられる。

ヒョウタンゾウムシの成虫はラッカセイの新葉を、幼虫は根や莢を食害する。最近千葉県では前者の発生地域が広がり、産地での問題となっている。

ゴボウ、ニンジン、ネギなどとの連作を避ける。

③その他の害虫・ネズミ

アブラムシ、アザミウマ類、ハスモンヨトウ、フキノメイガなどの茎葉害虫の発生もみられることもあるが、発生程度に応じ、被害が広がるような場合は、防除基準に従って防除を行なう。

また、ネズミによる食害を生育中や畑での乾燥時、また貯蔵中に受けることもある。

7 収穫

(1) 収穫の見極め──開花後の日数を目安に

播種から収穫までに必要な日平均気温の積算温度は、小粒種で二八五〇～三〇〇〇℃、大粒種で三二〇〇℃以上とされ、発芽から収穫までに必要な生育期間は小粒種で一二〇日、大粒種では一五〇日程度と考えられる。

乾燥莢として出荷する場合、開花期（ほ場の約半分の株で開花が始まった日）から数えて、早生種では七五日目、中生種では八〇～八五日目、晩生種では九〇～九五日目頃が収穫の適期と考えられる。

ただし、その年の気象条件、特に気温によってはマメの肥大の進み具合が異なることもある。そのため、収穫適期と思われる時期より五～七日ほど早めに試し掘りをし、莢の外観や莢裏の色などを参考にし、収穫時期を決める。

収穫の適期は、株についている莢のうち七〇～八〇％の網目がはっきりした頃、とされている。莢の裏側の色はマメの肥大とともに白から薄茶色、茶色、黒褐色へと変化し、黒褐色となった莢のマメでは渋皮の表面に黒いシミがつくなど品質が低下する。

そのため、畑から四～五株を抜き、株元の網目のはっきりした莢（早い時期に咲いた花からできたもの）を数莢ずつ取り、莢裏の色が黒褐色になったものがみられれば収穫の時期と判断することもできる（図3―14）。

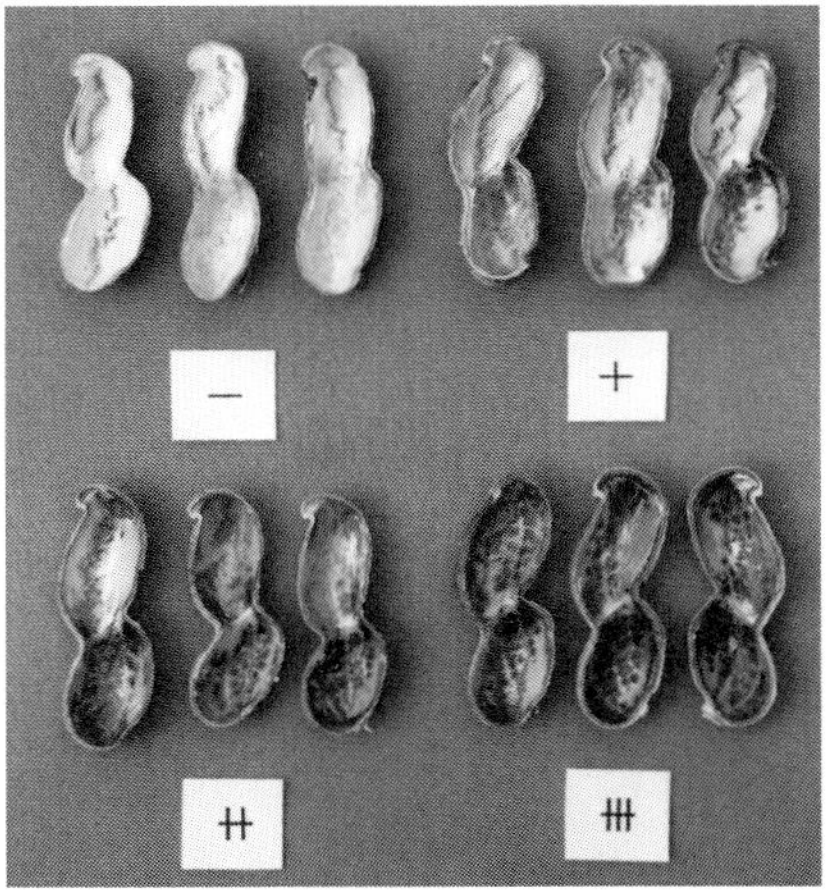

図3－14　莢実の熟度と莢裏の褐変程度
－：白色（未熟）
⇨＋：薄茶色，卄：茶色，卌：黒褐色（過熱）

晩生種では下葉が落ち始める頃を目安にしてもよいのだが、早生種や中生種の収穫適期とされる時期は茎葉の生育がまだ旺盛で、落葉の始まりを待って収穫するとマメの熟度が進みすぎ、外観品質や食味が低下してしまうおそれがある。開花時期をしっかり把握するとともに、開花期からの日数を目安に収穫する。

(2) 掘り取り作業

収穫は、手作業または機械作業になる。手作業の場合、立性で莢が株元にまとまってつくような品種では、株元を手で持ち、そのまま掘り上げることもできる。枝が横に広がるような品種では、まず株の横に万能鍬の刃を入れ、次に反対側から株元に向けて万能鍬の刃を入れ、直根を切るとともに株全体を掘り上げる。

機械作業の場合は、ラッカセイ専用の掘取機があるので、それを耕耘機やトラクターに装着して使う（図3―15）。作業時の刃の深さは、子房柄を切断しないように莢よりやや深めの一〇～一五cmとする。

図3―15　掘取機（上）と収穫の様子（下）

(3) 乾燥作業——風通しを良くし、カビに注意

煎り豆用ラッカセイは乾燥させてから莢のまま出荷する。

掘り取り直後のラッカセイは茎や葉の水分が高いほか、莢実も四〇～五〇％の水分を含んでいる。四～五株ずつまとめて莢を上に向けて畑で七日くらい予備乾燥させ（地干し）、全体の水分が低くなったら、円筒状に積み上げて秋から冬にかけてふく乾いた北風に当ててゆっくり乾燥させる。収穫直後に五〇％近かった水分も、乾燥が終わるときには一〇％以下となっている。この乾燥が進んでいる間に次第に甘さが増えてくる。

図3—16　ボッチ積み

このように積み上げることを千葉県ではボッチ積みとか野積みといい、秋から初冬にかけての北総台地の風物詩となっている（図3—16）。

なお、地域によっては地干し乾燥のみで脱莢して業者に売り、業者側が機械乾燥で仕上げる場合もある。早く乾燥させようと、地干しをせずに人工的に熱風を送るなどしたものは、甘みが少なく食味が落ちるばかりでなく、マメの油の変質も早く進む。

小面積での栽培の場合は、地干しである程度乾燥させた後に莢を取り、網袋に入れて風通しの良い軒下などにぶら下げて乾燥させるとよい。作業の手順などで、収穫後すぐに莢を取る場合には、まだ莢の水分が多くカビが生えやすいため、取った莢をシートの上に薄く広げ、ときどき全体をかき混ぜるなどし、ある程度乾燥させてから網袋に入れ、風通しの良いところで乾燥させるか、シート上で充分乾燥させてから紙袋などに入れて貯蔵するようにする。

(4) 脱莢

野積みしたラッカセイの乾燥が終わったら莢を取る。

ラッカセイ用の脱莢機に莢がついたままのラッカセイを株ごと入れ、乾燥してもろくなった株を回転する刃の衝撃によって砕き、風選で砕かれた株と莢を分離し、莢のみを回収する。

ある程度の面積でラッカセイをつくる場合には脱莢機の使用が必要になるため、ラッカセイの産地ではほかのラッカセイ栽培農家や、ラッカセイの加工業者から機械を借りることなどを計画しておく。

以前は発動機と平ベルトを用いて脱莢機を動かしたが、これは作業する場所が固定されるため、風向きを考えて機械を設置した。また、乾燥の終わったボッチを一つずつリヤカーで運んでいた。

最近ではトラクターに着装した脱莢機や、運搬にトラクター用のリフターも多く用いられており、脱莢作業は簡便になった。ただし、脱莢の作業時には大量の土ほこりと破砕粉が周辺に飛び散り、こればかりは昔と変わらない。これからは粉塵公害と考えられるおそれもあり、細かい目のネットで作業場を覆うなどの対策が必要になるのではないかと考える。

脱莢を終えたら、枝などの異物を選別して除き、莢を麻袋につめて出荷する。千葉県内の産地では、出荷は三〇kg単位で行なわれる。

収穫残渣は堆肥化するなどしてほ場に戻す。ただし、立枯症状の出たほ場では、次作に持ち越さないため焼却などして処分する。

(5) 収穫期の鳥害対策

播種の項目で鳥害について述べたが、カラスは収穫期以降もラッカセイに被害を与える。収穫時期に近づくと、土のなかからラッカセイの莢を掘り出して食べるし、収穫して畑で地干し乾燥しているときには莢をつつく。

また野積みで乾燥中にも周囲からつついて莢を引っ張り出して、ひどい場合にはカラスによって野積みの形が崩されてしまうこともある。秋にはカラスが集団化することもあるため、カラス被害がひどい場合にはテグスを張ったり、野積みに網を掛けるなどする必要がある。

8　貯蔵

乾燥の終わったラッカセイは莢の状態で網袋や紙袋、麻袋などに入れ、湿度の低いところで貯蔵する。冬の間は寒いのでカビは生えにくいが、春先から温度が上がってくると湿気の多いところではカビが生えやすくなる。特に梅雨時は注意する。ひと夏越したラッカセイは、油分の劣化も起こり食味が低下する。室内で貯蔵する場合は、梅雨入りまでとする。

冷蔵庫内では一年間は十分貯蔵できる。冷凍すれば数年間の貯蔵も可能である。なお、冷蔵や冷凍する場合には莢のままだと場所を取るため、むいてマメの状態にしたほうが効率的である。冷凍すると煎り豆にしたときに薄皮がむけやすくなる、との指摘もある。

9　茹でラッカセイ栽培

(1)　播種時期

茹でラッカセイ用として莢を生のまま出荷する場合、茹でラッカセイの収穫適期の幅は七日程度と

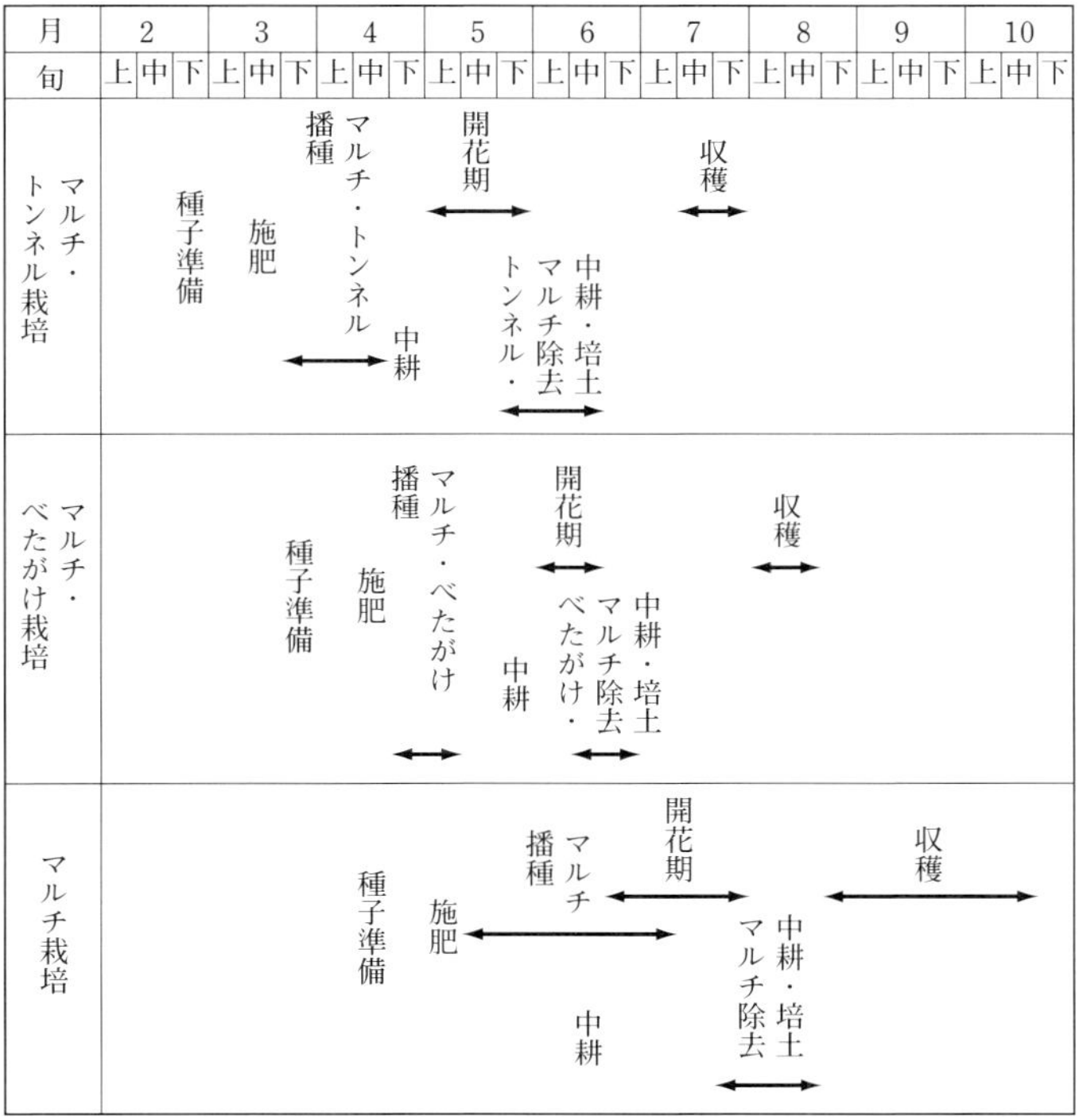

第3章 ラッカセイ栽培の実際

月	2			3			4			5			6			7			8			9			10		
旬	上	中	下	上	中	下	上	中	下	上	中	下	上	中	下	上	中	下	上	中	下	上	中	下	上	中	下

マルチ・トンネル栽培：種子準備／施肥／マルチ・トンネル／播種／中耕／開花期／中耕・培土／マルチ・トンネル除去／収穫

マルチ・べたがけ栽培：種子準備／施肥／マルチ・べたがけ／播種／中耕／開花期／中耕・培土／マルチ・べたがけ除去／収穫

マルチ栽培：種子準備／施肥／マルチ／播種／中耕／開花期／中耕・培土／マルチ除去／収穫

図3－17　茹でラッカセイの栽培暦

狭いことから、出荷期間を長くするため播種時期を一〇～一五日ほどずらしながら収穫時期に幅をもたせることが大切になる。

乾燥を通して甘くなる煎り豆用と違い、茹でて食べる場合には収穫後できるだけ早く茹でたほうがおいしく食べられる。そのため早朝に収穫してその日のうちに出荷、または前日の午後収穫して一晩冷蔵した後出荷するなど、収穫から出荷までの品質保持が大切で、脱莢や選別の手間を考えると一日に収穫できる面積が限られる。

関東地方でのマルチ栽培では、五月中旬から七月上旬頃までの播種が可能である。さらに収穫時期を早めたい場合にはトンネル栽培やべたがけ栽培と組み合わせて、三月下旬から播種する。これで、それぞれ七月中旬、八月上旬からの収穫が可能となる（図3―17）。

トンネル栽培では、出芽後晴天時にはトンネル内が高温にならないよう、日中に裾を開けるなどして換気を行なう。トンネル、べたがけ、マルチフィルムなどの被覆資材は開花期後一〇日ほどで除去する。

(2) 品種

播種時期をずらして栽培する場合には生育期間の短い早生品種が適している。

現在栽培されている品種では、〝郷の香〟が品質、食味、収量性などから優れている。また、やや収穫時期が遅くなるが〝ナカテユタカ〟も収量性が高く、茹でラッカセイに適した品種である。

また、すでに紹介したように新品種の〝おおまさり〟も、莢とマメの大きさがこれまでの品種と明らかに違い、茹でても甘みが強くて食味も良い。評判も良く販売上のメリットもあるので、これから各地での栽培が広がっていくものと考えられる。

(3) 収穫

茹でラッカセイとしての収穫は、乾燥莢としての収穫適期の五～七日ほど早めとする。収穫適期はその日から一週間ほどの間と考えてよい。

図3－18① 「らっこっき」での脱莢のようす。すわったまま作業できる
（撮影：北原　勝）

すでに述べたが、ラッカセイを茹でて食べる場合は、掘ってからできるだけ早く茹でることがポイントとなる。掘ってから時間が経つにつれ、甘みのもとになるショ糖の含量は直線的に減少していくためである。収穫後の脱莢や調製作業の手間を考えて一日の収穫面積を決める。

なお、病気の発生などで葉が早く落ち始めたときには、莢のついている子房柄がもろくなって切れやすくなるので、予定より早めでも掘り取るようにする。

(4) 脱莢、洗浄

収穫したラッカセイの莢取りは機械または人力

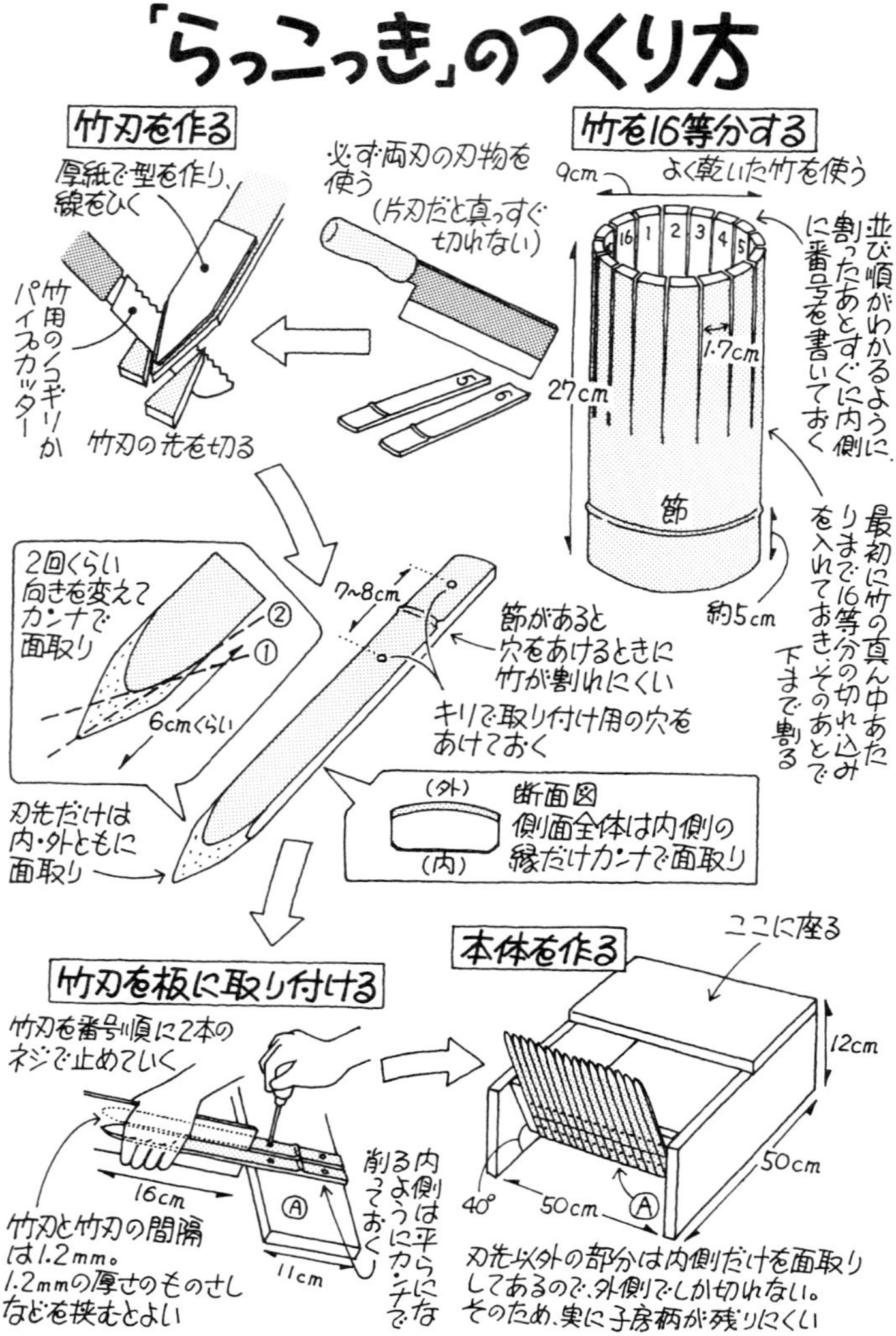
「らっこっき」のつくり方
竹刃を作る
厚紙で型を作り、線をひく
竹用のノコギリかパイプカッター
竹刃の先を切る
必ず両刃の刃物を使う
（片刃だと真っすぐ切れない）
竹を16等分する
9cm
よく乾いた竹を使う
並び順がわかるように割ったあとすぐに内側に番号を書いておく
1.7cm
27cm
節
約5cm
最初に竹の真ん中あたりまで16等分の切れ込みを入れておき、そのあとで下まで割る
2回くらい向きを変えてカンナで面取り
6cmくらい
7～8cm
節があると穴をあけるときに竹が割れにくい
キリで取り付け用の穴をあけておく
刃先だけは内・外ともに面取り
（外）
（内）
断面図
側面全体は内側の縁だけカンナで面取り
竹刃を板に取り付ける
竹刃を番号順に2本のネジで止めていく
16cm
竹刃と竹刃の間隔は1.2mm。1.2mmの厚さのものさしなどを挟むとよい
11cm
内側は平らになるようにカンナで削っておく
本体を作る
ここに座る
12cm
50cm
40°
50cm
刃先以外の部分は内側だけを面取りしてあるので、外側でしか切れない。そのため、実に子房柄が残りにくい

図3－18② 「らっこっき」のつくり方

（現代農業2002年12月号）

で行なうことになる。

機械を利用する場合には、ラッカセイ専用の脱莢機のほか、エダマメの脱莢機も使えるが、機械の価格が高いため、かなりの量を処理する場合でなければコストが合わない。

人力で行なう場合は、手で良い莢を選びながら莢を取る場合と、簡単な道具（金網や「らっこっき」）を用いて莢を取ることになる（図3―18①②）。

莢の土を落とすために水洗いをするが、ニンジンの洗浄に用いられるブラシ式の洗浄機が効率良く使える。洗浄後の水切りは、網の上に広げるなどして行なうが、網袋に入れて洗濯機の脱水槽を利用すると簡単に水切りが行なえる。

(5) 選別・出荷

洗浄後水切りをしたら選別・出荷を行なう。病害虫の被害莢、未熟な莢や実入りの悪い空莢、莢に残った子房柄などを取り除いて、ポリ袋かパックに入れて出荷する。

出荷単位は食べきりサイズとして二五〇～三〇〇gがよいようである。販売店では食味の低下を防ぐため、できれば冷蔵装置内に陳列してもらう。

また、商品のそばにラッカセイの茹で方や食べ方、品種の紹介など書いたチラシを添えると、消費者に喜ばれ販売促進にもつながるだろう。

第4章　ラッカセイの利用と加工

1　販売の工夫

(1) 乾燥莢の販売先は加工業者

ラッカセイを栽培している一般の農家は、収穫して乾燥させたラッカセイ（乾燥莢）を、加工業者へ出荷している。なお、自分で煎り機を購入し、煎り莢として直売所などで販売している農家もある。

乾燥させた莢の加工業者への出荷価格が四〇〇〜五〇〇円／kg程度なのに比べて、煎り莢加工した場合の販売価格は三〇〇〇円／kg程度と、その差はきわめて大きいものである。もっとも煎り機のほか、関係する機械類の設備費、包装資材などの経費や選別の手間がかかるが、自分で加工して出荷するメリットは大きいものと思われる。

煎り莢や煎り豆のほかにも、バタピーや各種の味つけ落花生、甘納豆、ピーナッツペースト、落花生豆腐、パウダー、マコロンなど、ラッカセイを使った加工品は多種多様である。特別な機械設備なしに加工できるものもあるが、加工設備に多額の経費がかかるものもある。必ずしも自分で加工せずとも、各種の商品加工を専門に扱っている業者に加工を委託して、それを自家ブランドで販売するということも、コスト面から考えれば有利な販売方法ではないかと思われる。

なお、食品衛生法との関係から、販売する際には商品にシールでの表示が必要となるため、表示内容については保健所など関係機関に確認する。

(2) 茹でラッカセイとしての販売法

茹でラッカセイは、甘みが強く、とてもおいしいものであるが、傷みが早く消費期限も短い。また、掘りたてを茹でたものに比べ、掘り取ってから茹でるまでの時間が経つにつれて甘みや食味は低下してしまうことなどから、茹でラッカセイは産地に限られた、旬の味である。

このように、おいしい茹でラッカセイを食べられる地域や季節が限定されるため、その販売には産地の直売所が最も適しており、購入する消費者にとっても旬のおいしさを楽しめる大きなメリットとなる。

なお、生莢や茹でラッカセイは食味や品質が低下しやすいため、直売所などで販売する際には、食味や品質の低下を防ぐため、冷蔵ケースのなかにおくようにする。

なお、生莢を販売するときには、茹でる方法（塩加減や茹で時間など）を書いたチラシやレシピを一緒に置いておくと親切だろう。

このように常温での流通がむずかしいゆえに、直売所での販売が向いている茹でラッカセイだが、現在は茹でた後に冷凍されたものも販売されている。茹でたラッカセイを包装した後に急速冷凍したもので、冷凍庫内で保管する必要がある。また、宅配便などで送る場合には冷凍品扱いとする。食べるときには自然解凍か、熱湯に短時間入れて解凍する。

(3) レトルト加工したラッカセイ

また、最近では掘り取り直後の生莢や、乾燥豆を水にもどしたものをレトルト処理する方法が千葉県で開発され、レトルト落花生として販売されている。レトルト処理をすれば常温での流通が可能で、賞味期限も六カ月と長くなるため、販売方法としては有利である。

ただし、レトルト処理には専用の加工施設が必要なため、レトルト食品加工業者にレトルト処理を委託している（図4―1）。

(4)　特徴のあるラッカセイ商品の販売

直売所や通信販売ではこだわりの商品、ほかとは変わった特徴をもつものが要望されている。その点、〝おおまさり〟は直売所や通販にも非常に向いていると考えられる。

これまでのラッカセイに比べて莢がきわめて大きく、直売所ならではの茹で加工にも向いている。新しい品種〝おおまさり〟の特徴を良く理解し、品質や食味の良い〝おおまさり〟を生産するための適切な栽培管理が期待される。

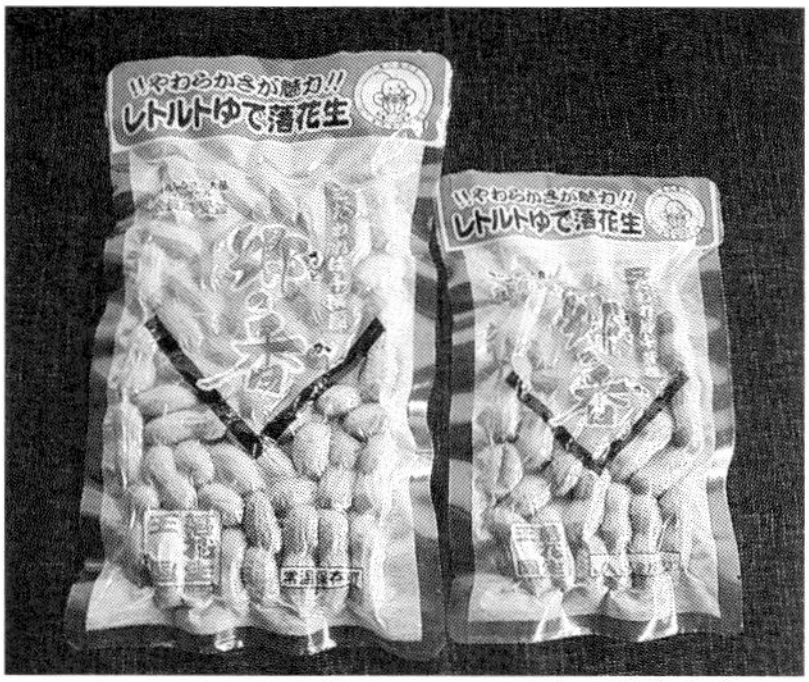

図4－1　レトルト商品化されたラッカセイ

2　消費拡大への取り組みを

(1)　直売所や産直での販売

直売所では加工業者による包装済みの煎り豆のほかに、農家が個人でポリの小袋に詰めたラッカセイ（乾燥させた莢や豆）を見ることがある。時期によっては茹でラッカセイ用の生莢や茹でたラッカセイも売られている。

しかし、こうした未加工のラッカセイをスーパーなど食料品売り場でみることはほとんどない。同じマメ類でもダイズは昔から日本の食生活と深く関わっており、煮豆や煎り豆のほか、味噌、醤油、豆腐、納豆など、以前は各家庭で加工される場面も多かった。一方、ラッカセイは嗜好品としてのイメージが強く、消費者が自分で加工調理する場面はめったにない。

これはラッカセイの調理方法や利用方法の情報不足が原因だと考えられる。煎り方や煮豆のつくり方、落花生豆腐やピーナッツバターのレシピをつけることで、未加工のラッカセイも店頭に並べられるようになるはずだ。消費者にとってもそのメリットは大きい。

なお現在は、インターネットでさまざまなレシピが掲載されているので、それらを利用するのも良いだろう。

(2) 掘り取り体験やオーナー制の取り組み

最近は各地で、収穫体験やオーナー制の取り組みなど、農業体験が広く行なわれるようになった。作目はイネやサツマイモ、果樹などさまざまだが、ラッカセイの掘り取り体験も興味をもってもらえると思う。

ラッカセイは身近な食べ物でありながら、莢がどこについているのか知らない人も多く、実際に自分で掘ってみることは新鮮な体験となるだろう。掘り取ったその場でラッカセイの莢を取り、茹でて食べれば掘りたてのおいしさも味わうことができる。掘り取った株と茹でた莢を持って帰れば、近所の人にラッカセイの莢の付き方と茹でラッカセイのおいしさを一緒に伝えることもできる。

ラッカセイの収穫時期がサツマイモやカキ、キウイフルーツなどと同時期になれば、それらを組み合わせて一緒に収穫体験をしてもらうのも良いのではないだろうか。まだまだ一般的とはいえない茹でラッカセイのおいしさを伝えるいいチャンスともなるだろう。

なお、掘り取り体験をするには、立性の品種のほうが作業はラクである。

(3)　家庭でできるいろいろな食べ方・調理

ラッカセイというと食品コーナーではなく、菓子コーナーで加工品を買ってくるのが当たり前のように思われているが、家庭でもさまざまな加工・食べ方ができる。煎り豆からはペーストや各種の菓子類なども簡単につくれる（図4―2）。

第1章で紹介したように、ラッカセイは栄養豊富な食べ物である。栽培して無事に収穫できたら、いろいろな調理も試して欲しい。ここでは、特別な設備を必要としない、家庭でできる調理方法を紹介する。

図4－2　さまざまなラッカセイの食べ方
上の段：乾燥したもの，煎り豆，砂糖がけ
下の段：落花生豆腐，煮落花生　　　（撮影：千葉　寛）

茹で豆

莢のまま水洗いしたラッカセイを鍋に入れて、ひたひたよりやや多めの水と塩を加えて茹でる。塩の量は水の二～三％程度（一リットルの水に二〇～三〇g）。

茹でる時間は四〇～五〇分ほどだが、好みの硬さによって調節するとよい。圧力鍋を使うと短い時間（サツマイモやクリと同じくらい）で茹でることができる。圧力鍋の場合、茹で時間が短く、ラッカセイによく塩がまわらないため、茹であがってから三〇分ほど茹で汁につけておいたほうがよいだろう。

茹でたラッカセイは傷みが早いため、食べ残しは冷蔵庫に入れ、早めに食べる。長く保存したい場合には冷凍し、食べるときに自然解凍させたり、軽く茹でる。

洗ったラッカセイを茹でずに、ふかして食べてもおいしい。

煎り豆

乾燥させた豆をフライパンで煎る。焦げやすいので、豆と一緒に塩を多めに入れて弱火でゆっくりと煎る。オーブンでは一六〇℃で三〇～四〇分を目安にする。薄皮をむくか、半分に割った豆をいくつか一緒に入れ、ときどきかき回しながら、煎り具合を確認する。パチパチという音が聞こえて、白かった豆の色がきつね色に変わってきたら火を止め、外に取り出して薄く広げて熱を取る。

煮豆

掘りたてや乾燥させたラッカセイを渋皮のまま煮豆にする。掘りたての場合はそのまま、乾燥豆は一晩水につけた後、大きめな鍋で煮る。乾燥豆の場合、煮ている途中で一度しわを伸ばすために差し水をする。豆が軟らかくなってから砂糖を加え、半日くらいそのままにしておく。

また、軟らかくなってから一晩おき、翌日豆を火にかけて半量の砂糖を加えて一度火を止め、一時間ほどしてから残りの砂糖を加えて含め煮するという方法もある。

軟らかくなった水煮の豆の水を切り、砂糖と醤油を加えて含め煮にすることもできる。

小粒種のラッカセイは渋皮がむきやすいので、熱湯に豆をくぐらせて渋皮を取る。とろ火で煮て豆が軟らかくなったら砂糖を三回に分けて加えて煮含め、最後に甘みを増すため塩を少し加え、甘みをしみこませるためそのまま鍋の中で冷やす。

落花生豆腐

乾燥豆（二〇〇g）を三倍の水に一晩つけたものをミキサーで一緒にすりつぶし、ざるとふきんでこす。この汁（豆乳）を鍋に入れて火にかけ、沸騰する寸前に片栗粉（二〇〇g）を水（二〇〇g）にといたものをよく混ぜながら流し入れ、片栗粉に火が通ったら火を止め、弁当箱などの流し箱に流し入れ、冷えてから冷蔵庫に入れて固める。適当な大きさに切った落花生豆腐の上から酢味噌（とろみをつけることも）やわさび醤油をかけて食べる。

落花生味噌（味噌ピー）

フライパンや中華鍋で乾燥させたラッカセイ（渋皮つき二〇〇g）をたっぷりの油でこがさないようにかき混ぜながらゆっくりと炒め、油を切ったあと味噌（二〇〇g）と砂糖（一五〇g）、このほか好みで水、酒、みりん、蜂蜜などを加えて豆によくからめる。砂糖は豆が熱いうちに加えると、冷めたあとは豆全体が固まり、少し熱を冷ましてから加えると豆が固まらない落花生味噌になる。なお、からさや甘さは好みで調節する。

ピーナッツバター

煎り豆（三〇〇g）の渋皮を取り、ミキサーで砕く。油分が出てドロドロになってきたら溶かしたバターかサラダ油（二〇〇g）を加え、とろりとなるまですりつぶす。最後に塩をひとつまみ入れて味を調える。甘いピーナッツバターにしたければ砂糖や蜂蜜（一〇〇〜三〇〇g）を好みにあわせて加える。

砂糖ころがし

砂糖と砂糖が溶ける程度の少量の水（砂糖一〇〇ｇに水小さじ一杯くらい）、塩を少し加えて鍋を火にかけ、箸でかきまぜて糸を引く程度まで煮詰め、火を止めてから渋皮を取った煎り豆を入れ、しゃもじなどでかき混ぜ、バットなどに豆を平らに広げて冷ますと豆のまわりに白い砂糖衣がつく。

マカロン

煎り豆の渋皮を取り、みじん切りにする。コーヒーミルを使うと簡単にできる。よくふるった小麦粉一カップに、みじん切りにしたラッカセイと砂糖それぞれ大さじ四杯を混ぜ合わせ、卵一つをといて加えてよく練り合わせる。よく練った後、直径一・五cmほどにまるめ、包丁や糸で半分に切り、油できつね色になるまで揚げる。

◇著者略歴◇

鈴木　一男（すずき　かずお）

1949年東京都生まれ。東京農工大学農学部卒業。

千葉県農業試験場で畑作物の試験研究およびラッカセイの育種研究に従事。

‘郷の香’‘おおまさり’をはじめ，数多くのラッカセイ品種の育成に携わる。

2009年退職。

著書に「ラッカセイの絵本」（農文協），「地域生物資源活用大事典」（農文協，共著），「食品加工総覧」（農文協，共著），「豆の事典」（幸書房，共著）など。

◆新特産シリーズ◆
ラッカセイ——栽培・加工，ゆで落花生も

2011年３月31日　第１刷発行
2021年11月５日　第３刷発行

著者　鈴木　一男

発行所　一般社団法人　農山漁村文化協会
郵便番号　107-8668　東京都港区赤坂7丁目6－1
電話　03(3585)1142(営業)　03(3585)1147(編集)
FAX　03(3585)3668　振替　00120-3-144478
URL http://www.ruralnet.or.jp/

ISBN978-4-540-10118-2　製作／(株)新制作社
〈検印廃止〉　印刷／(株)新協

製本／根本製本(株)
Printed in Japan　定価はカバーに表示